Herausgegeben von Marc Schürmann

WILHELM HEYNE VERLAG
MÜNCHEN

Verlagsgruppe Random House FSC®-DEU-0100
Das für dieses Buch verwendete FSC®-zertifizierte Papier
Hello Fat Matt 1,1 liefert Condat, Le Lardin Saint-Lazare, Frankreich

1. Auflage
Originalausgabe 04/2012
Copyright ©2012 by Wilhelm Heyne Verlag, München
in der Verlagsgruppe Random House GmbH
Printed in Germany 2012
Umschlagillustration: Falko Ohlmer
Grafik: Manuel Kostrzynski, Jonas Natterer
Bildredaktion: Jakob Feigl
Druck und Bindung: Uhl, Radolfzell
ISBN 978-3-453-60244-1
www.heyne.de

Vorwort

Fußball ist schön. Wenn man es ehrlich betrachtet, hat dabei das Fußballgucken gegenüber dem Selberspielen eine Reihe von Vorteilen: Man kann sitzen, man darf lange Hosen tragen und man blamiert sich persönlich weniger, weil ja, wenn man es nochmals ehrlich beurteilt, die Profis mit dem Ball in aller Regel besser umgehen als man selbst.

In Gesellschaft macht Fußballgucken am meisten Spaß, erst recht zu Zeiten eines großen Turniers wie einer Europameisterschaft. Und dann zeigt sich: Auch Fußballgucken ist ein Mannschaftssport, eine Tätigkeit, die stark von anderen abhängt. Es lassen sich hier zwei Typen unterscheiden. Die einen sind diejenigen, die ein Spiel hoch konzentriert verfolgen. Sie starren schweigend auf den Fernseher (oder, von den Stadionrängen aus, aufs Feld) und lenken den Blick nicht einmal auf ihr Glas, wenn sie es zwischendurch heben. Der andere Typus der Mitgucker ist derjenige, der jede Szene kommentiert, jede Geste, jede Frisur, jeden Windstoß, jede Spielerfrau, überhaupt jeden und alles.

Diese zwei Typen halten es kaum miteinander aus. Der Schweiger erträgt nicht den Kommentierer, weil er sich dauernd vom Eigentlichen abgelenkt fühlt, dem Spiel; dem Kommentierer ist der Schweiger suspekt, weil das Fußballgucken für ihn vor allem ein Gemeinschaftserlebnis ist, und dazu gehört es doch, über Fußball zu reden, statt ihn nur zu betrachten.

Dieses Buch dürfte nun helfen, beide Welten miteinander zu versöhnen. Es enthält 1374 Fakten über Fußball, die dem Kommentierer entgegenkommen, da er sein mitunter oberflächliches Repertoire (»Ist ja immer schwer, auswärts was zu reißen«) wesentlich vertiefen kann (»Je weiter eine Mannschaft zu einem Auswärtsspiel reisen muss, desto mehr Tore kassiert sie im Durchschnitt«). Und der Schweiger erfährt Dinge, die ihn wirklich interessieren – sodass er im besten Fall nicht länger gestört, sondern vielmehr bereichert wird.

Dass diese 1374 Fakten von uns als »unnützes Wissen« eingestuft werden, darf man nicht missverstehen. Unnütz heißt beileibe nicht uninteressant – vielmehr haben diese beiden Begriffe nichts miteinander zu tun. NEON veröffentlicht seit fast acht Jahren jeden Monat »Unnützes Wissen« in der gleichnamigen Rubrik, die seit jeher eine der beliebtesten des Heftes ist. Mehr als 400 000 Fans versammeln sich bei facebook.com/unnuetzeswissen, 53 000 Follower werden von twitter.com/neon_magazin mit dem nutzlosen Fakt des Tages versorgt, mehr als 40 000 Smartphone-Besitzer haben die Unnützes-Wissen-App installiert. Es gibt also ganz offensichtlich eine gewisse Begeisterung für Dinge, »die man im Gedächtnis behält, obwohl man sie sich nicht zu merken braucht«, wie wir in der Unterzeile der Rubrik im Heft schreiben. Auch unsere Sammelbücher »Unnützes Wissen« und »Unnützes Wissen 2« sind große Erfolge.

Das Besondere an diesem Buch ist nun, dass es nicht von allen möglichen Themen, sondern ausschließlich von Fußball handelt. Bevor wir uns zu dem Projekt entschlossen, kam durchaus die Frage auf, ob das überhaupt geht: so viel über Fußball, ohne langweilig zu werden. Wir merkten schnell, dass es geht. So viele Menschen beschäftigen sich derart detailliert mit Fußball, dass die NEON-Redaktion mithilfe von Presseartikeln, Chroniken, Interviews, eigener Recherche und weiteren Quellen schnell eine beachtliche Sammlung unnützer Fakten beisammen hatte. Unser besonderer Dank gilt dem Sportdatenunternehmen Opta, in dem viele Mitarbeiter nichts anderes tun, als so viel wie möglich über Fußball in Erfahrung zu bringen. Aus der Datenbank von Opta stammt ein wesentlicher Teil dieses Buches. Ohne sie hätten wir beispielsweise nie erfahren, dass der Niederländer Ruud van Nistelrooy 149 seiner 150 Tore für Manchester United in der Premier League von innerhalb des Strafraums erzielte – übrigens ein gutes Beispiel für das, was wir mit unnützem Wissen meinen: Auf den ersten Blick ist es bloß fachidiotische Datenhuberei, doch bei näherem Hinsehen erzählt diese Statistik wohl viel über Fußball von gestern und Fußball von heute, ganz sicher aber jede Menge über die außergewöhnliche Karriere eines Weltstars, der wahrlich kein Stürmer moderner Prägung ist, doch in seiner Nische – dem Strafraum – praktisch unbeherrschbar. Van Nistelrooy ist ja auch der einzige Spieler, dem es gelungen ist, in verschiedenen Champions-League-Saisons jeweils mindestens zehn Tore zu erzielen. Apropos Champions League: Bayer Leverkusen war in diesem Wettbewerb nicht nur der erfolgloseste Verein innerhalb einer Saison, sondern er wird es wohl auch ewig bleiben, weil nach dem aktuellen Modus gar nicht mehr so viele Niederlagen möglich sind wie damals. Wo wir bei Leverkusen sind: Die haben sich den Begriff »Vizekusen« beim Deutschen Patent- und Markenamt schützen lassen. Selbstironie? Jein, das Wort »Meisterkusen« hat sich der Verein ebenfalls schützen lassen. Der FC St. Pauli wiederum hält Rechte auf seinen Totenkopf. Übrigens, St. Pauli …

Keine Frage: Der Fußball hält mehr als genug Geschichten und Daten bereit, um ein komplettes Spiel hindurch zu fachsimpeln. Sofern man sich das – schon ziemlich sportliche – Ziel setzt, einen Fakt pro Minute zu besprechen, genügt dieses Buch für rund dreizehn Spiele inklusive Halbzeitpausen, das ist fast eine halbe Europameisterschaft, und das Tolle ist ja, dass es mit jedem Spiel mehr wird, weil Fußball immer wieder neues unnützes Wissen hervorbringt. Kann sein, dass es auch daran liegt, wie unnütz Fußball an sich schon ist. Aber darin, nicht nur im eigentlichen Spiel, liegt auch seine Schönheit.

1. In einer britischen Amateurliga wurde 2000 der Stürmer Lee Todd nach zwei Sekunden vom Platz gestellt. Er hatte den Anpfiff mit »Fuck me, that was loud« kommentiert.

2. Die erste Amtshandlung von Uli Hoeneß als Manager des FC Bayern München bestand 1979 darin, seinen Bruder Dieter als Spieler zu verpflichten.

3. Der letzte Bundesligaspieler, der mindestens vier Tore in einem Europapokalspiel erzielte, war Jürgen Klinsmann: Er schoss 1995 alle Tore des FC Bayern beim 4:1 gegen Benfica Lissabon.

4. Thorsten Fink kassierte sein erstes Bundesliga-Gegentor als HSV-Trainer schneller als jeder Vorgänger. Am 22. Oktober 2011 traf Wolfsburgs Mario Mandzukic nach 65 Sekunden.

5. Markus Babbel trägt auf seinem Körper Tätowierungen seiner ehemaligen Vereine: von Bayern München, dem VfB Stuttgart, dem FC Liverpool, dem Hamburger SV, seinem Jugendklub TSV Gilching und von Hertha BSC Berlin. Nur die Blackburn Rovers hat er ausgelassen.

6. Paraguay und Japan bestritten im Achtelfinale 2010 das erste WM-Elfmeterschießen, an dem keine europäische Mannschaft beteiligt war. Dies war zuvor 21 Mal anders gewesen.

7. Das erste Tor in der Münchner Allianz-Arena schoss Peter Pacult – für 1860 München. Es war ein Altherrenspiel zwischen Bayern und 1860 München noch vor der offiziellen Eröffnung des Stadions.

8. Die schnellste Rote Karte einer Bundesligasaison sah Youssef Mohamad (seinerzeit 1. FC Köln) – er musste nach 93 Sekunden des ersten Spieltags 2010/11 vom Platz.

9. Der einzige Spieler, der dreimal in Folge Europas Fußballer des Jahres wurde, ist der Franzose Michel Platini (1983–1985).

10. Laut einer »Focus«-Umfrage unter Geschäftsführern und Vorständen der Bundesliga gelten Wolff-Christoph Fuss und Tom Bartels als Deutschlands beste Sportreporter. Am schlechtesten schnitten Jörg Wontorra und Wolf-Dieter Poschmann ab.

11. Pfingsten 1910 war es so einfach wie nie, deutscher Nationalspieler zu werden: Weil kurz vor dem Länderspiel gegen Belgien die deutsche Mannschaft noch unvollständig war, wurden vier Duisburger Zuschauer eingesetzt. Belgien gewann 3:0.

12. Wayne Rooney spielte schon mit zwölf Jahren in der Erwachsenenmannschaft.

13. Der höchste Sieg in einem offiziellen Länderspiel war ein 31:0-Erfolg von Australien über Amerikanisch-Samoa 2011.

14. Dabei gelangen dem Australier Archie Thompson die meisten Tore in einem WM-Qualifikationsspiel: Er traf dreizehn Mal.

15. Am 31. Spieltag der Saison 2010/11 kamen zum Spiel von Preußen Münster gegen die zweite Mannschaft von Borussia Mönchengladbach 18 500 Zuschauer. So viele Zuschauer gab es sonst nie in einem Regionalligaspiel.

16. Der 1. FC Magdeburg ist der einzige Verein der DDR, der jemals einen Europapokal gewann: den der Pokalsieger 1974.

17. Die meisten Länderspiele an einem Tag am selben Ort gab es am 6. Februar 2007 in London. Vier Länderspiele wurden in vier verschiedenen Stadien der Stadt ausgetragen. England selbst war allerdings an keinem dieser Spiele beteiligt.

18. Lionel Messis Trainer in Barcelona, Pep Guardiola, sagt über ihn: »Er ist der einzige Spieler, der mit Ball schneller läuft als ohne.«

19. Im November 2011 schaffte die Nationalmannschaft von Amerikanisch-Samoa nach 30 Niederlagen innerhalb von 17 Jahren FIFA-Zugehörigkeit den ersten Sieg: 2:1 gegen Tonga.

20. Mike Newell von den Blackburn Rovers erzielte den schnellsten Hattrick in der Geschichte der Champions League. Beim 4:1-Erfolg der Blackburn Rovers gegen Rosenborg Trondheim 1995 erzielte er drei Tore innerhalb von neun Minuten.

21. Die meisten Tore in einem Champions-League-Spiel fielen beim 8:3-Erfolg von Monaco gegen Deportivo La Coruña 2003.

22. Der FC Liverpool feierte den höchsten Sieg der Champions League. 2007 gewann Liverpool gegen Besiktas Istanbul 8:0.

23. 2005 benötigte ein deutscher Nationalspieler durchschnittlich 2,8 Sekunden von der Ballannahme bis zur Ballweitergabe. Bei der WM 2010 waren es nur noch 1,1 Sekunden.

24. Ivan Zamorano von Inter Mailand spielte in der Saison 1997/98 mit der Rückennummer »1+8«. Der Grund: Im Sommer 1997 wurde Ronaldo verpflichtet und wollte unbedingt Zamoranos Rückennummer 9 haben. Da dieser trotzdem nicht auf seine Nr. 9 verzichten wollte, trug er die Nr. 18 – und klebte ein Pluszeichen zwischen die 1 und die 8.

25. Das offizielle deutsche »Tor des Jahrhunderts« schoss Klaus Fischer am 16. November 1977 per Fallrückzieher zum 4:1 der deutschen Nationalmannschaft gegen die Schweiz.

26. Der Franzose Jules Rimet ist der FIFA-Präsident mit der längsten Amtszeit: 33 Jahre (1921–1954). Zu seinen Ehren trug der WM-Pokal von 1930 bis 1970 den Namen »Coupe Jules Rimet«.

27. Die Partie der beiden polnischen Vereine Lech Posen und Pogonia Szczecin wurde Anfang April 2005 nach der 38. Minute abgebrochen, weil der Papst im Sterben lag.

28. Nur Bora Milutinovic schaffte es, als Trainer an fünf Weltmeisterschaften in Folge mit fünf verschiedenen Teams teilzunehmen (Mexiko 1986, Costa Rica 1990, USA 1994, Nigeria 1998 und China 2002). Mit den vier erstgenannten Teams überstand er jeweils die Vorrunde.

29. Agim Agushi lief 2010 zweimal die Treppen in den 59. Stock des Frankfurter Messeturms hinauf. Das Besondere dabei: Er lief die 5304 Stufen in 1:37:05 Stunden und köpfte während der ganzen Zeit einen Fußball. Damit stellte er einen Weltrekord auf.

30. Nachdem er sich persönlich beim DFB-Präsidenten Theo Zwanziger entschuldigt hat, darf der Skandal-Schiedsrichter Robert Hoyzer seit Frühjahr 2011 wieder Fußball spielen – beim Berliner Landesligisten SCC Teutonia.

31. Durchschnittlich 615 Fans kommen zu einem Spiel des Frauenfußballteams FC Bayern München.

32. Kein Spieler wurde so oft bester Torschütze einer Saison wie Romario. 14 Mal holte er die Torjägerkrone in Brasilien, Spanien und den Niederlanden.

33. Fernando Peyroteo (Sporting Lissabon) ist der effektivste Torjäger der Geschichte. Er erzielte in der portugiesischen Liga in 197 Spielen 330 Tore – ein Schnitt von 1,68 Toren pro Spiel.

34. Als strengster Fußballtrainer der Geschichte gilt der Ukrainer Valeri Lobanowski. Nachdem »Loba« einen Spieler seines Clubs Dynamo Kiew betrunken angetroffen hatte, ließ er diesen fünf Monate als Platzwart arbeiten und verkaufte ihn dann an einen niederklassigeren Verein.

35. Lobanowski war auch einer der größten Fußballtheoretiker. Er glaubte schon in den 70er-Jahren an die wissenschaftliche Spielanalyse und nahm an, dass ein Team mit einer Fehlerquote von maximal achtzehn Prozent unschlagbar sei.

36. Matthias Herget und Frank Mill lieferten 1980 ein besonderes Spiel für Rot-Weiß Essen ab. Gegen Holstein Kiel erzielte Mill in der 1. Halbzeit einen Hattrick – und Herget einen in der 2. Halbzeit. Essen gewann das Spiel 6:0.

37. Masashi Nakayama erzielte 1998 in der ersten japanischen Liga in vier aufeinanderfolgenden Spielen je einen Hattrick.

38. Die Ungarn sind mit drei Titeln die Rekordsieger bei olympischen Fußballturnieren. Die BRD hat bei Olympia noch nicht gewonnen, nur der DDR gelang dies 1976.

39. 1991 dauerte ein Spiel bei einer Frauen-WM 80 Minuten. Erst seit 1995 spielen die Frauen über die Dauer von 90 Minuten.

40. AIK Solna wurde 1998 Schwedischer Meister, obwohl der Klub in 26 Spielen lediglich 25-mal getroffen hatte. Das war die schlechteste Offensive aller 14 Mannschaften.

41. Im Schnitt sogar noch weniger Tore erzielte Trabzonspor auf dem Weg zur türkischen Meisterschaft 1980, nämlich nur 25 in 30 Partien. Lediglich drei Teams erzielten in jener Saison weniger Tore – zwei davon stiegen ab.

42. Der Club Spartak Moskau wird umgangssprachlich »Volksteam« genannt.

43. Die letzte Erweiterung der deutschen Meisterschale erfolgte 1981. Die nächste ist im Jahr 2020 fällig.

44. Der Abstand der Torpfosten (7,32 Meter) hat sich seit seiner Festlegung durch den britischen Fußballverband FA nicht mehr verändert. Damals durfte das Spielfeld noch 180 Meter lang sein, und Handspiel war erlaubt.

45. Die Herkunft der La-Ola-Welle ist unklar. Ein Gründungsmythos besagt, Frank Zappa habe sie 1969 bei einem Rockfestival eingeführt.

46. Die Mannschaft des FC Turin, die von 1943 bis 1949 Italiens bestes Team war und bei einem Flugzeugunglück fast vollzählig ums Leben kam, wurde »Il Grande Torino« genannt. Der amerikanische Autobauer Ford benutzte den Begriff für sein Modell »Gran Torino«, das Auto, das die Fernseh-Cops Starsky & Hutch fahren – und Clint Eastwood in seinem Film »Gran Torino«.

47. 2002 berichtete die griechische Regierung, die erste Liga des Landes sei mit über 123 Millionen Euro verschuldet und nehme weniger als fünf Millionen ein.

48. Die Winterpause der ukrainischen Liga dauert drei Monate.

49. Während des letzten großen Umbaus des Fußballstadions von Borussia Dortmund wurde nahe der Mittellinie eine 450-Kilo-Bombe aus dem zweiten Weltkrieg entdeckt.

50. Die größten Anteilseigner des HSV sind seine Fans.

51. Der einzige Torhüter, der bisher Europas Fußballer des Jahres wurde, ist Lew Jaschin (UdSSR).

52. In Anlehnung daran, die Fans als zwölften Mann zu bezeichnen, vergibt die österreichische Nationalmannschaft die Rückennummer 12 nicht.

FAUNA
> 53. – 63.

Fußballer sind wie Tiere? Vielleicht. Jedenfalls haben sie immer wieder mit Tieren zu tun.

Die UEFA finanziert mit einem kleinen Betrag die Sterilisierung wilder Hunde in Kiew, da sie über die Vielzahl der frei lebenden Hunde schockiert war.

Für ein schönes Straßenbild zur EM wurden in den vergangenen Jahren in der Ukraine aber auch Tausende streunende Hunde getötet.

WÄHREND VOR LÄNDERSPIELEN DIE HYMNEN DER GEGNER GESPIELT WURDEN, SAGTE DER FRÜHERE NATIONALTORWART **TONI SCHUMACHER** ZU SICH SELBST: »DU BIST DER BESTE TORWART DER WELT. DU WIRST JEDEN BALL HALTEN. DU BIST EIN RAUBTIER.«

Als beim Spiel der englischen Vereine Brentford gegen Colchester United 1970 ein Hund aufs Spielfeld lief und dem Ball folgte, verletzte er den Brentford-Torhüter so schwer am Knie, dass dieser seine Karriere beenden musste.

BEIM DERBY SCHALKE-DORTMUND IM SEPTEMBER 1969 WURDE DER SCHALKER **FRIEDEL RAUSCH** VON EINEM POLIZEIHUND IN DEN HINTERN GEBISSEN. SPÄTER WURDE ER IM SPORTSTUDIO GEFRAGT, WAS DENN PASSIERT WÄRE, WENN DER HUND VORNE ZUGEBISSEN HÄTTE. RAUSCH: »DANN HÄTTE DER SCHÄFERHUND ALLE SEINE ZÄHNE VERLOREN.«

Der türkische Erstligist Bursaspor plant den Bau eines neuen Stadions in Form eines riesigen grünen Reptils. Der Meister von 2010 trägt den Spitznamen »timsah«, auf deutsch: »Krokodil«.

Der rumänische Spieler Marius Cioarra wurde 2006 von UT Arad an den Viertligisten Regal Hornia transferiert. Ablösesumme: 15 Kilo Schweinswürste. Weil er die Witze darüber nicht ertrug, beendete Cioarra kurz darauf seine Karriere.

Fußbälle wurden ursprünglich nicht aus Leder, sondern Schweinsblasen gefertigt.

Franz Michelberger, seinerzeit Spieler vom FC Bayern München, erlitt 1975 im Trainingslager in Israel eine Knieprellung, als ihn ein Kamel gegen eine Treppe stieß.

Offiziell kamen die Dopingspuren im Urin von fünf nordkoreanischen Fußballerinnen von einem Drüsenextrakt des Moschushirschen, mit dem sie nach einem Blitzschlag behandelt worden seien.

DER NORWEGISCHE NATIONALSPIELER **SVEIN GRONDALEN** MUSSTE IN DEN SIEBZIGERJAHREN EIN LÄNDERSPIEL ABSAGEN, WEIL ER BEIM JOGGEN MIT EINEM ELCH ZUSAMMENGESTOSSEN WAR.

64. Der Trainer der österreichischen Nationalmannschaft, Marcel Koller, ist ein Schweizer.

65. Die FIFA schreibt Fußball mit Doppel-S – der Verband sitzt in Zürich, und die Schweizer schreiben kein ß.

66. Das erste Patent für Fußballschuhe mit Stollen hatte die Nummer 443311.

67. Der Adidas-Gründer Adolf Dassler war ursprünglich Bäcker.

68. Der zurzeit mutmaßlich bestbezahlte Fußballer der Welt ist der Stürmer Samuel Eto'o. Bei seinem russischen Verein Anschi Machatschkala verdient er zwanzig Millionen Euro im Jahr.

69. Eto'os Mannschaftskollege Roberto Carlos bekam vom Vereinschef zum Geburtstag einen Bugatti Veyron geschenkt.

70. Als der Kameruner Eto'o vor einigen Jahren beim FC Barcelona begann, versprach er: »Ich werde rennen wie ein Schwarzer, um zu leben wie ein Weißer.«

71. Isaac Vorsah (Hoffenheim) und Robert Kovac (Leverkusen) gewannen als einzige Spieler ihre ersten zehn Bundesligaspiele.

72. Elf Siege in den ersten elf Spielen schaffte niemand.

73. In Tansania gibt es eine Fußballmannschaft, in der ausschließlich Albinos spielen: Albinos United kämpft gegen die dort übliche Verfolgung der hellhäutigen Menschen.

74. Die längste Anreise zu einer WM hatte die Nationalmannschaft Rumäniens. 1930 in Uruguay kam sie zwei Wochen, nachdem sie einen Zug in Bukarest bestiegen hatte, in Montevideo an.

75. Jürgen Klopp holte seine erste Meisterschaft in seinem 100. Bundesligaspiel als Dortmunder Trainer.

76. Der Chelsea-Eigner Roman Abramowitsch verdiente sein Geld einst mit der Herstellung von Gummienten.

77. Der Sohn von Zinédine Zidane spielt in der Jugendmannschaft von Real Madrid.

78. Die Kinder, die mit den Nationalspielern zu einem Länderspiel einlaufen, werden zum Teil von McDonald's ausgesucht.

79. Der RoboCup will 2050 mit Robotern den Fußballweltmeister schlagen.

80. Das 1:0-Siegtor seines Teams Torpedo Zhodino (Weißrussland) in der Nachspielzeit brachte den Trainer Yakov Shapiro im Jahr 2004 ins Grab: Als er dem Torschützen gratulieren wollte, brach er zusammen und starb an einem Herzstillstand.

81. Die Stadien vom Dundee FC und Dundee United liegen nur 80 Meter voneinander entfernt.

82. Queen's Park FC Glasgow blieb sieben Jahre ohne Gegentor. Bis 1875 ein Stürmer von Vale of Leven FC Alexandra traf.

83. Der WM-Teilnehmer mit dem längsten Namen war ein Brasilianer und hieß Socrates Brasileiro Sampaio de Souza Vieira de Oliveira. Kurzname: Socrates.

84. Die vielleicht schlechteste Mannschaft der Geschichte heißt SSA Antwerpen. In der Saison 1995/96 gewann das Team kein einziges seiner dreißig Meisterschaftsspiele. Alle zehn Minuten bekam es im Durchschnitt ein Gegentor. Die Bilanz: 30 Spiele, 0 Siege, 0 Unentschieden, 0 Punkte, 12:271 Tore.

85. David Beckham ließ 2006 seinen Körper für hundert Millionen Pfund versichern.

86. Der abgelegenste Club der Welt heißt Futbolny Klub Luch-Energija Waldiwostok. In der russischen Erstligasaison 2005 musste das ostsibirische Team sieben Zeitzonen durchqueren, um in Moskau zu spielen.

87. Der meistverbreitete Clubname der Welt ist »Dynamo«.

88. Wanderly Luxemburgo, seinerzeit Trainer beim FC Santos in Brasilien, wurde 2006 für sechzig Tage gesperrt, nachdem er dem Schiedsrichter vorgeworfen hatte, während des gesamten Spiels mit ihm geflirtet zu haben.

89. In England gibt es eine TV-Serie mit dem Titel »Footballers' Wives«. Die Hauptfigur heißt Chardonnay Lane-Pascoe und basiert teilweise auf Victoria Beckhams Leben.

90. Das Spiel zwischen Falkirk und Inverness Thistle im Scottish Cup 1979 musste wegen schlechten Wetters 29 Mal verschoben werden.

91. Der italienische Torwart Luciano Bodini absolvierte in seiner zwanzigjährigen Karriere nur zwei Spiele in der höchsten italienischen Liga. Ansonsten saß er bei Atalanta Bergamo, Juventus Turin, Hellas Verona und Inter Mailand auf der Ersatzbank.

92. Kevin-Prince Boateng kam 2006 um 70 Minuten zu spät zum Training von Hertha BSC Berlin. Er musste 3500 Euro zahlen, weil jede Minute Verspätung bei Hertha 50 Euro kostete. Boatengs Begründung: Er hätte die Zeitumstellung vergessen. Das Training fand drei Tage nach der Umstellung statt.

93. Das Estadio Victor Agustin Ugarte, in dem der bolivianische Erstligist Real Potosi seine Spiele austrägt, liegt 3960 Meter über dem Meeresspiegel und ist eines der höchstgelegenen Stadien der Welt, in dem Profispiele stattfinden.

94. Die Gastmannschaften von Potosi installieren zuweilen Sauerstofftanks am Spielfeldrand.

95. Der britische Arzt Bill Kirkup hat in einer empirischen Studie herausgefunden, dass Männer an einem Spieltag ihrer lokalen Fußballmannschaft mit einer signifikant höheren Wahrscheinlichkeit an einem Herzinfarkt oder Schlaganfall sterben. Frauen lassen die Fußballergebnisse kalt.

96. Der englische Verein Thames Association FC spielte im Dezember 1930 gegen Luton vor 119 531 freien Sitzen im West Ham Stadion, das damals 120 000 Menschen fasste. Es gilt als das am schlechtesten besuchte Spiel der Geschichte.

97. Die Spieler von Cosmos New York, der globalen All-Star-Mannschaft, bei der in den 70er-Jahren unter anderem Pelé und Franz Beckenbauer spielten, hatten ein eigenes VIP-Separee im legendären Club Studio 54, das immer für sie reserviert war.

98. Beckenbauer wohnte während seiner Zeit bei Cosmos New York zeitweise Tür an Tür mit dem Balletttänzer Rudolf Nurejew. Laut Beckenbauer hatte der schwule Tänzer ein Auge auf ihn geworfen. Das kam für den Kaiser aber nicht infrage.

99. Franz Beckenbauer hat am 11. September Geburtstag.

100. Der englische Fußballer George Best erschien auf Album-Covers von Oasis und Paul Weller. Best wurde auch als »fünfter Beatle« bezeichnet.

101. Von Best stammt auch das schöne Zitat: »I spent a lot of money on booze, birds and fast cars. The rest I just squandered.« Auf Deutsch: »Ich habe eine Menge Geld für Schnaps, Weiber und schnelle Autos ausgegeben. Den Rest habe ich einfach verprasst.«

102. Beim zweimaligen Champions-League-Sieger FC Porto steht ein brasilianischer Stürmer namens Hulk unter Vertrag.

103. Der Erfolgstrainer Branko Zebec sackte im März 1980 beim Spiel seines HSV in Dortmund betrunken auf der Trainerbank zusammen. In der Halbzeit setzten ihn die Hamburger Verantwortlichen in den Mannschaftsbus, damit er seinen Rausch ausschlief. Wenig später wurde Zebec entlassen.

104. Der tunesische Stürmer Nizar Trabelsi spielte in den 80er-Jahren unter anderem für Fortuna Düsseldorf. 2003 kam er in die Schlagzeilen, weil er sich al-Qaida angeschlossen und einen Selbstmordanschlag auf eine Einrichtung der US-Armee geplant hatte. Der Plan flog auf, er wurde zu zehn Jahren Gefängnis verurteilt.

105. Als Ronaldo zur WM 2002 in Japan eintraf, verneigte er sich zunächst würdevoll vor den Japanern, um im nächsten Moment seine Augen zu Schlitzen zu ziehen.

106. Diego Maradonas Mutter Dona Dalma hatte angeblich schon während ihrer Schwangerschaft das Gefühl, dass sie einen talentierten Linksfuß unter ihrem Herzen trug. Als sie am 30. Oktober 1960 ihren Sohn auf die Welt brachte, soll sie laut »Goooooooooooooool« geschrien haben.

107. 1990 hatte die albanische Nationalmannschaft drei Stunden Aufenthalt am Flughafen Heathrow. Dabei kam es zu einem Missverständnis: Sie meinten wohl, mit »duty free« wäre »alles umsonst« gemeint. 37 Albaner packten Waren im Wert von 3400 US-Dollar ein und verließen den Laden, ohne zu bezahlen.

108. Der Vater von Daniel van Buyten war Catcher.

109. Klaus Allofs spielt in seiner Freizeit Golf.

110. Der frühere Torwart von Coventry City, David Icke, ist davon überzeugt, dass George W. Bush, Henry Kissinger, Kris Kristofferson und die Queen in Wahrheit dreieinhalb Meter große Echsen sind.

111. Toni Kroos ist Fan der Deutschrock-Band »Pur« und hat die Biografie des Sängers Hartmut Engler gelesen.

112. Das Hobby des HSV-Stürmers Mladen Petric ist Zaubern. Er hat auch mal einen Kurs bei einem Magier belegt.

113. Über Garrincha, eine der Legenden des brasilianischen Fußballs, wurde 2001 in einer Biografie behauptet, er hätte einen 25 Zentimeter großen Penis.

114. Den Torrekord der eingleisigen zweiten Bundesliga hält Rudi Völler: 1981/82 schoss er 37 Tore für 1860 München.

115. Nach der schlechten Leistung der Schweiz bei der WM 2006 in Deutschland kursierte folgender Witz: »Saddam Husseins Verhandlung. Der Vorsitzende: Wir haben eine gute und eine schlechte Nachricht für Sie. Die Schlechte: Wir mussten Sie zum Tod durch Erschießen verurteilen. Die Gute: Das Hinrichtungskommando besteht aus den Herren Streller, Barnetta und Cabanas.« Dazu muss man wissen, dass diese drei Spieler ihre Elfmeter im Achtelfinale gegen die Ukraine verschossen hatten.

116. Vor der WM 2010 sorgte ein Kneipenwirt in Manchester dafür, dass sich jeder seiner Mitarbeiter in Wayne Rooney umbenennen ließ – darunter auch mehrere weibliche Angestellte.

117. Mehmet Scholl war mit der B-Jugend des KV Karlsruhe deutscher Vizemeister im Mannschaftskegeln.

118. Die Discothek von Günter Netzer hieß »Lovers' Lane« und wurde 1971 in einem ehemaligen Friseursalon eröffnet.

119. In München gibt es den Club »Netzer & Overath«.

120. Der FC Bayern München zahlte 2009 für Mario Gomez die höchste Ablösesumme der Bundesligageschichte an den VfB Stuttgart: 35 Millionen Euro.

121. Italien scheiterte bei drei Weltmeisterschaften in Folge im Elfmeterschießen: 1990 im Halbfinale, 1994 im Finale, 1998 im Viertelfinale.

122. Jürgen Klinsmann bestritt nach dem Ende seiner aktiven Karriere für den amerikanischen Amateurklub Orange County Blue Stars einige Spiele unter dem Pseudonym »Jay Goppingen«. Göppingen ist Klinsmanns Geburtsort.

123. Michael Ballack wurde im Jahr 2002 gleich fünf Mal Zweiter: Mit Leverkusen in der Meisterschaft, im DFB-Pokal und in der Champions League, mit der Nationalmannschaft bei der WM – und persönlich in der Bundesliga-Torschützenliste.

124. In England wird Bayer Leverkusen seit dem Sommer 2002 oft »Neverkusen« genannt.

125. Der Verteidiger Thorsten Legat wurde vom VfB Stuttgart fristlos gekündigt, weil er im Kraftraum des Bundesligisten auf ein Poster, das seinen dunkelhäutigen Mitspieler Pablo Thiam mit einer Trinkflasche zeigt, das Wort »Negersaft« gekritzelt hatte.

126. Legat wurde überführt, indem alle Spieler das Wort probeweise per Hand schreiben mussten.

127. Josep Guardiola wurde im Jahr 2009 sieben Mal Erster: Er gewann mit dem FC Barcelona die Meisterschaft, den Supercup, den Pokal, die Champions League, den UEFA Super Cup und die FIFA-Klub-WM und wurde obendrein zum Weltklubtrainer des Jahres gekürt.

128. Es war Guardiolas erste Saison als Cheftrainer, nachdem er zuvor die zweite Mannschaft des FC Barcelona trainiert hatte.

129. Der österreichische Verteidiger Anton Pfeffer sagte angesichts des Halbzeitstandes von 0:6 in einem EM-Qualifikationsspiel gegen Spanien 1999: »Hoch g'winna wer'ma nimma.« Das Spiel endete 0:9.

130. Eine der schnellsten Gelben Karten der Fußballgeschichte erhielt der walisische Treter Vinnie Jones nach drei Sekunden für ein Foul direkt im Mittelkreis.

131. Vinnie Jones wurde durch ein Foto berühmt, auf dem er seinem Gegenspieler Paul Gascoigne beherzt in die Hoden kneift.

132. Gascoigne ließ Jones nach dem Spiel eine Rose bringen.

133. Jones erwiderte diese Geste, indem er dem Boten, der die rote Rose brachte, umgehend eine Klobürste für Gascoigne in die Hand drückte.

134. Nach seiner Fußballerkarriere wurde Vinnie Jones Schauspieler. Er ist unter anderem in »Bube, Dame, König, Gras« und »Snatch« zu sehen.

135. Am 19. November 1969 schoss Pelé im Maracana-Stadion per Elfmeter sein 1000. Tor. Das Spiel wurde minutenlang unterbrochen, in ganz Brasilien läuteten die Kirchenglocken.

136. Am 20. Mai 2007 schoss Brasiliens Romario ebenfalls sein 1000. Tor, ebenfalls per Elfmeter. Viele Fernsehsender unterbrachen ihr Programm und schalteten live zum Spiel, das danach für 15 Minuten unterbrochen werden musste, damit Romario eine Ehrenrunde laufen und Interviews geben konnte.

137. Dieser Erfolg Romarios wird allerdings von der FIFA nicht anerkannt, da Romario auch 71 Tore mitzählt, die er als Jugendlicher und Amateur erzielt hat.

138. Der isländische Stürmer Eidur Gudjohnsen wurde bei seinem ersten Länderspiel gegen Estland für seinen eigenen Vater eingewechselt – Eidur war 17, Vater Arnór 34 Jahre alt.

139. Anfang 1969 einigten sich die Parteien im nigerianischen Bürgerkrieg wegen Pelé auf einen 48-stündigen Waffenstillstand. Die Kämpfer wollten sich die Gelegenheit nicht nehmen lassen, ihn in einem Freundschaftsspiel in Lagos zu sehen.

140. Nach seinem Kung-Fu-Tritt gegen einen Zuschauer berief der Manchester-United-Star Eric Cantona eine Pressekonferenz ein, auf der er diesen Satz sprach: »Die Möwen folgen dem Fischkutter, weil sie glauben, dass die Sardinen wieder ins Wasser geworfen werden.« Dann stand er auf und ging.

141. Später bezeichnete Cantona diesen Tritt als Höhepunkt seiner Karriere.

142. Die Wutrede von Giovanni Trapattoni (»Schwach wie eine Flasche leer!«) dauerte drei Minuten und achtzehn Sekunden.

143. Klaus Augenthalers legendäre Pressekonferenz, die er mit den Worten »Guten Tag. Meine Herren, es gibt vier Fragen und vier Antworten. Die Fragen, die stelle ich, und die Antworten gebe ich auch« einleitete, dauerte nur 44 Sekunden.

144. Giovanni Trapattoni trainiert seit dem Jahr 2010 eine Fußballauswahl des Vatikans.

145. Bei seiner Vorstellung bei seinem neuen Klub New York/New Jersey Metro Stars sprach Lothar Matthäus die legendären Worte: »I hope we have a little bit lucky.«

146. Avenir Beggen (Luxemburg) verlor zwischen 1969 und 1988 in europäischen Wettbewerben zwanzig Spiele in Folge und erzielte dabei nur vier Treffer. So viele Niederlagen in Folge schaffte sonst kein Team.

147. Spaniens Nationaltorwart Santiago Canizares verpasste die WM 2002, weil er sich bei dem Versuch, eine Aftershave-Flasche mit dem Fuß aufzufangen, eine Sehne gerissen hatte.

148. Ebenfalls auf die WM 2002 musste Brasiliens Mittelfeldstar Emerson verzichten – er hatte im Training spaßeshalber im Tor gespielt und sich bei einer Parade die Schulter ausgekugelt. Brasilien wurde trotzdem Weltmeister.

149. Als im Finale der Champions League 2005 der AC Mailand zur Pause bereits 3:0 gegen den FC Liverpool in Führung lag, schrieben einige Mailänder Spieler SMS an ihre Freunde, wo die Feierlichkeiten später am Abend stattfinden würden. Liverpool schoss in der zweiten Halbzeit innerhalb von sechs Minuten drei Tore und gewann das Finale im Elfmeterschießen.

150. Die Kinder von David Beckham heißen Brooklyn Joseph, Romeo James, Cruz David und Harper Seven.

151. Franz Beckenbauer spielt in seiner Freizeit Golf.

152. Bastian Schweinsteigers Freundin ist Model.

153. Da der Vatikan zu klein für ein brauchbares Stadion ist, werden die Heimspiele außerhalb des Stadtstaates ausgetragen.

154. Dass Oliver Bierhoff die beiden deutschen Tore im Finale der EM 1996 erzielte, ist auch Monika Vogts zu verdanken: Sie hatte ihrem Mann Berti empfohlen, Bierhoff mitzunehmen.

155. Besonders weite Schüsse erreicht man, indem man dem Ball einen leichten Rückwärtsdrall gibt. Durch die Rotation hebt die sogenannte Magnus-Kraft den Ball während des Fluges an, sodass er weiter fliegt als ohne Drall. Ist der Effet zu groß, steigt der Ball allerdings nur steil an und fällt danach zu Boden. Ab fünfzig Umdrehungen pro Sekunde würde der Ball sogar einen Looping machen, allerdings kommen solche Werte im Fußball nie vor.

156. 2002 ließ der damalige Schalke-Manager Rudi Assauer den gerade gewonnenen DFB-Pokal versehentlich vom Festwagen fallen. Der DFB schickte eine Rechnung für die Reparaturkosten: mehr als 30 000 Euro.

157. Um eine zu frühe Berichterstattung in den Medien zu vermeiden, trug Sönke Wortmanns Fußballfilm »Deutschland. Ein Sommermärchen« in der Produktionsphase den Arbeitstitel »Die schottischen Rosen«.

158. Steven Gerrards Frau ist Model.

159. Die steigende Popularität des Fußballs in Deutschland stieß Ende des 19. Jahrhunderts auf großen Widerstand der deutschen Turnerschaft. Karl Planck, Gymnasial- und Turnlehrer in Stuttgart, hetzte in seinem Pamphlet »Fusslümmelei. Über Stauchballspiel und englische Krankheit« (1898) gegen den »englischen Aftersport«, der »lächerlich, hässlich und widernatürlich« sei.

160. Walter Boyd vom walisischen Club FC Swansea erhielt den schnellstmöglichen Platzverweis. Boyd ging aufs Feld, als Swansea einen Freistoß zugesprochen bekam. Bevor der Schiedsrichter das Spiel wieder aufnahm, verpasste Boyd einem Gegenspieler einen Schlag mit dem Ellenbogen ins Gesicht, worauf er von Schiedsrichter Clive Wilkes wieder vom Platz geschickt wurde. Gesamtspielzeit: null Sekunden.

161. Ronaldo erzielte viermal je zwei Tore in WM-Spielen.

162. Andreas Möller hat den Begriff der »Schutzschwalbe« erfunden. Dabei simuliert man ein Foul des Gegenspielers, um zu verhindern, dass es wirklich zu einem Foul kommt.

163. Francesco Tottis Frau ist Model.

164. Karl Power ist der wohl berühmteste Fan von Manchester United. Im Viertelfinale der Champions League 2000/01 im Spiel beim FC Bayern schlich er sich, vom Fotografen unbemerkt, auf das offizielle Mannschaftsfoto von Manchester United und war für einen kurzen Moment der zwölfte Spieler.

165. Gianluigi Buffons Frau ist Model.

166. Der niederländische Stürmer Ruud van Nistelrooy ist der einzige Spieler, der in zwei verschiedenen Champions-League-Spielzeiten jeweils zweistellig getroffen hat.

167. Die erste Frau, die je das aktuelle Sportstudio moderiert hat, heißt Carmen Thomas und machte sich am 21. Juli 1973 unsterblich, als sie von »Schalke 05« sprach.

168. Bereits in ihrer zweiten Sendung hatte Carmen Thomas eine »Bild am Sonntag« des folgenden Tages gezeigt, darin eine bereits vorgeschriebene Kritik ihrer Moderation.

169. Die Bundesliga-Meisterschale ist laut DFB ungefähr 25 000 Euro wert.

170. Thomas Müller (FC Bayern) wurde von seinem Amateurtrainer Hermann Gerland »Fräulein« genannt.

171. Auf der Hochzeit von Philipp Lahm war außer Andreas Ottl kein Kollege vom FC Bayern eingeladen.

172. Cristiano Ronaldos Freundin ist Model.

173. Vladimir Weiss gewann 1964 beim Olympischen Fußballturnier mit der CSSR Silber. Sein Sohn Vladimir Weiss spielte 1990 für die CSSR bei der WM und führte als Trainer die Slowakei zur WM 2010. Dort stellte er seinen Sohn Vladimir Weiss auf.

174. Peter Crouchs Frau ist Model.

175. Cacau hat beim deutschen Einbürgerungstest alle Fragen richtig beantwortet.

176. Weil er beim Einbürgerungstest eine Frage zu Helmut Kohl beantworten musste, trägt Cacau den Spitznamen Helmut.

177. Bei der Bürgermeisterwahl in seiner Heimatstadt Korb erhielt Cacau sechs Stimmen, obwohl er nicht kandidiert hatte. Das ist laut Kommunalwahlrecht in Baden-Württemberg möglich.

178. Bei der EM 2004 bespuckte der Schweizer Alex Frei den Engländer Steven Gerrard. Nachdem erste Fernsehbilder keine Klarheit geschaffen hatten und Frei den Vorfall bestritten hatte, legte das Schweizer Fernsehen Aufnahmen nach, die Frei der Lüge überführten und dessen Sperre nach sich zogen. Der Schweizer Fußballverband erhob daraufhin den Vorwurf mangelnder patriotischer Gesinnung – gegenüber dem Schweizer Fernsehen.

179. Alexander Frei wurde nach diesem Vorfall in der Öffentlichkeit »Lama« genannt. Daraufhin übernahm Frei die Patenschaft für ein Lama im Basler Zoo.

180. Der kolumbianische Torwart René Higuita konnte nicht an der WM 1994 teilnehmen, weil er wegen der Beteiligung an einer Entführung in Haft war.

181. Den höchsten Sieg in der Geschichte der EM-Qualifikation schaffte Deutschland mit einem 13:0 gegen San Marino 2006.

182. Für ihren Sieg bei der EM 1989 erhielten die deutschen Frauen vom DFB ein Kaffeeservice aus Porzellan.

183. Drei Bundesländer haben noch nie einen Bundesligaverein gestellt: Schleswig-Holstein, Thüringen und Sachsen-Anhalt.

184. Wayne Rooneys Frau ist Moderatorin.

185. Oliver Kahns Frau ist Model.

186. Die meisten Eigentore der Bundesligageschichte schoss Manfred Kaltz vom Hamburger SV – es waren sechs.

187. Wenn ihre Mannschaft in Rückstand liegt, werfen sich Torhüter beim Elfmeter doppelt so oft nach rechts wie sonst.

188. Das erste Länderspiel auf deutschem Boden fand am 23. November 1899 zwischen Deutschland und England statt. Die Gäste aus England gewannen 13:2.

189. Oliver Bierhoff spielt in seiner Freizeit Golf.

190. Lothar Matthäus' Freundin ist Model.

191. Victoria Beckhams Mann ist Model.

192. Andorra und San Marino haben noch keines ihrer EM-Qualifikationsspiele gewonnen.

193. Die meisten Trainerwechsel in einer Bundesligasaison gab es 2010/11: fünfzehn.

194. Thierry Henry (FC Arsenal, 1999-2007) hat gegen jeden Gegner in der Premier League mindestens ein Tor erzielt.

195. Seit der Einführung der englischen Premier League 1992 lag Manchester United am Ende einer Saison immer unter den Top 3. Das gelang in den besten fünf europäischen Ligen (Spanien, England, Italien, Frankreich, Deutschland) in diesem Zeitraum keiner anderen Mannschaft.

196. Im WM-Finale 1930 wurde mit zwei verschiedenen Bällen gespielt, weil sich die Teams nicht einig geworden waren. In der ersten Halbzeit wurde mit dem Ball der Argentinier gespielt, in der zweiten mit dem der Uruguayer.

197. Borussia Dortmund wurde 1956 und 1957 Deutscher Meister – in exakt der gleichen Aufstellung.

198. Der DFB-Pokal wird seit 1935 ausgetragen.

199. Im WM-Viertelfinale 1966 zwischen England und Argentinien stellte der schwäbische Schiedsrichter Rudolf Krcitlein den Argentinier Antonio Rattin vom Platz. Doch Rattin weigerte sich zu gehen. Nach sieben Minuten wurde er von Polizisten abgeführt. Dabei wurde Rattin von Zuschauern mit Schokoriegeln beworfen, die er aufhob und aß.

200. Der Deutsche Lutz Pfannenstiel ist der einzige Fußballer, der auf allen Kontinenten als Profi gespielt hat. Er stand in etwa 500 Stadien auf dem Platz.

201. Der schwerste Profi der Fußballgeschichte war William Foulke, der vor mehr als hundert Jahren im Tor des FC Chelsea stand. Foulke wog drei Zentner und war zwei Meter groß.

202. Der Ball fliegt dann am weitesten, wenn man ihn in einem Winkel von 45 Grad schießt.

203. Andy Cole erzielte in seinen ersten 64 Premier-League-Spielen 50 Tore. Niemand sonst kam so schnell auf 50 Tore.

PROST!
> 204. – 214.

Trinken und Fußball – das passt nicht nur für viele Zuschauer prima zusammen.

Der Expräsident von Atlético Madrid, **Jesus Gil y Gil**, sagte: »Trainer feuern ist für mich wie Bier trinken. Ich kann im Jahr zwanzig feuern, notfalls auch hundert.«

DER **DFB-POKAL** HAT EIN FASSUNGSVERMÖGEN VON **8** LITERN.

Der Exspieler **Ansgar Brinkmann** hatte auf seinem Anrufbeantworter die Ansage: »Ich bin bis fünf Uhr morgens in meiner Stammkneipe zu erreichen.«

Wenn man in der Elfenbeinküste ein »**Drogba Beer**« bestellt, bekommt man Bier mit 5,5 Prozent Alkohol in einer Einliter-Flasche. Das Bier soll so stark und groß sein wie der berühmteste Spieler des Landes, Didier Drogba.

WOLF-DIETER AHLENFELDER LEITETE 1975 ANGETRUNKEN DAS BUNDESLIGASPIEL ZWISCHEN WERDER BREMEN UND HANNOVER 96 UND PFIFF DIE 1. HALBZEIT NACH 32 MINUTEN AB (LIESS SICH ALLERDINGS VOM LINIENRICHTER ÜBERREDEN, NOCH ETWAS WEITERZUSPIELEN, EHE ER IMMER NOCH 90 SEKUNDEN ZU FRÜH DIE 1. HALBZEIT BEENDETE).

Der erste Trikotsponsor der Bundesliga war Jägermeister. Der Kräuterlikörhersteller zahlte damals 100 000 Mark an Eintracht Braunschweig für das Logo auf der Fußballerbrust.

Die Bierleitung der Veltins-Arena auf Schalke ist fünf Kilometer lang. Aus vier Kühlzentren führt sie zu 133 Zapfhähnen in 32 Kiosken.

In Weißrussland hat ein Schiedsrichter im Jahr 2008 eine Erstliga-Partie mit **2,6 Promille** im Blut gepfiffen. Die Zuschauer wunderten sich, warum der Mann einen großen Teil des Spiels im Stehen vom Mittelkreis aus verfolgte.

Um dessen Nervosität zu bekämpfen, verabreichte Richie Müller, der Mannschaftsbetreuer des FC Bayern im Europapokalfinale 1976, dem damals 20-jährigen **Karl-Heinz Rummenigge** zwei Gläser Cognac, bevor er ihn aufs Feld schickte.

Aus Sorge, in England nur schlechten Wein zu bekommen, nahm die französische Nationalmannschaft **1500 Liter Rotwein** zur WM 1966 mit. Frankreich schied in der Vorrunde aus.

DER ENGLÄNDER **PETER BEAGRIE** BETRANK SICH 1991 NACH EINEM SPIEL GEGEN REAL SOCIEDAD SO SEHR, DASS ER SICH AUF SEINEM NACHHAUSEWEG VON EINEM VORBEIFAHRENDEN MOTORRADFAHRER ZUM HOTEL KUTSCHIEREN LIESS. ALS DER NACHTPORTIER NICHT ÖFFNETE, SCHNAPPTE SICH BEAGRIE DAS MOTORRAD UND FUHR DURCH DIE GLÄSERNE EINGANGSTÜR. ES WAR DAS FALSCHE HOTEL.

215. Fredi Bobic spielt in seiner Freizeit Golf.

216. Der 1. FC Köln hält sich seit 1950 immer einen Geißbock – Wappentier des Vereins – als lebendes Maskottchen, das bei Heimspielen im Stadion steht.

217. Jeder Geißbock heißt »Hennes«. Hennes I. war 1950 ein Geschenk vom Zirkus Williams.

218. Michael Nushöhr traf als einziger Spieler der Bundesligageschichte in einem Spiel drei Mal per Elfmeter: 1986 beim Stuttgarter 7:0-Sieg gegen Hannover.

219. Rekordhalter der verschossenen Elfmeter ist Gerd Müller: Zwölf Mal scheiterte er vom Punkt.

220. Die Qualifikation zur WM 1954 bestritt die deutsche Nationalmannschaft unter anderem gegen das Saarland. Deutschland gewann 3:0 und 3:1.

221. Der sowjetische Linienrichter Tofik Bachramow soll Jahre nach dem Wembley-Tor von 1966 einem Journalisten gesagt haben, auch er habe nicht genau gesehen, wo der Ball aufgeschlagen sei – aber die deutschen Abwehrspieler hätten auf ihn einen niedergeschlagenen Eindruck gemacht, während die englischen Stürmer gejubelt hätten.

222. Rafael van der Vaarts Frau ist Model.

223. Andreas Thom war der erste ostdeutsche Spieler in der Bundesliga.

224. Der erste dunkelhäutige A-Nationalspieler Deutschlands war Erwin Kostedde 1974.

225. Nach dem Ende seiner Karriere saß Kostedde fünf Monate wegen Raubes in U-Haft, erwies sich aber als unschuldig.

226. Timo Hildebrand blieb als Torwart des VfB Stuttgart 885 Minuten ohne Gegentreffer. Das ist Rekord.

227. Nachdem 1891 die Elfmeter eingeführt worden waren, versuchten manche Torhüter gar nicht, welche zu halten, da sie das vorangegangene Foul ihres Mannschaftskameraden als unsportlich erachteten.

228. Karl-Heinz Förster erwarb nach seinem Wechsel zu Olympique Marseille die französische Staatsbürgerschaft, damit sein Verein einen weiteren Ausländer unter Vertrag nehmen durfte.

229. Der jüngste Spieler der WM-Qualifikation ist Souleymane Mamam aus Togo. Beim Spiel gegen Sambia 2001 war er 13 Jahre und 310 Tage alt.

230. Der älteste Spieler der WM-Qualifikation ist MacDonald Taylor von den Jungferninseln. Beim Spiel gegen St. Kitts und Nevis 2004 war er 46 Jahre und 180 Tage alt.

231. Die Spieler des FC Wimbledon in den 80er-Jahren kackten jedes Mal in die Toilette des Gegners, bevor dieser anreiste, und betätigten nicht die Spülung.

232. Der FC Barcelona wurde 1899 vom Schweizer Geschäftsmann Hans Gamper gegründet.

233. In keiner anderen Stadt wurden so viele deutsche WM-Spieler geboren wie in Gelsenkirchen (13).

234. Die sogenannten »bengalischen Feuer« erreichen Temperaturen von 1600 bis 2500 Grad Celsius.

235. Der heutige Nationalspieler Benedikt Höwedes (Schalke) war 1997 Einlaufkind beim deutschen WM-Qualifikationsspiel gegen Armenien.

236. Das Verhältnis von Torschüssen zu erzielten Toren liegt im Profifußball zwischen 1:9 und 1:10.

237. Andrey Arshavin ist der einzige Spieler der Premier League, der in einem Spiel vier Tore erzielte und trotzdem nicht gewann (mit Arsenal 4:4 beim FC Liverpool am 21. April 2009).

238. Knapp ein Viertel aller Teams (11 von 45), die bisher in der Premier League spielten, kommt aus dem Großraum London.

239. In Deutschland kamen bisher lediglich vier der insgesamt 51 Bundesligateams (8 Prozent) aus der Hauptstadt.

240. Lucien Laurent erzielte das erste Tor bei einer WM. Am 13. Juli 1930 traf er für Frankreich gegen Mexiko zum 1:0.

241. Rudi Assauer ist Mitglied bei Borussia Dortmund.

242. Eineinhalb Minuten nachdem Mario Götze am 8. August 2011 seine Homepage freigeschaltet hatte (mario-goetze.com), brach der Server überlastet zusammen.

243. Brasilien wurde 1962 Weltmeister und setzte dabei nur zwölf Spieler ein, so wenige wie sonst kein anderer Weltmeister.

244. Maurizio Gaudino spielt in seiner Freizeit Golf.

245. Ein 38-jähriger Londoner ereiferte sich bei der WM 1986 so sehr über die schlechte Leistung seiner Mannschaft, dass er nach ihrer Niederlage gegen Portugal Nesselfieber bekam. Vier Tage später wurde bei der Begegnung England gegen Marokko ein englischer Spieler vom Platz gestellt, und der Ausschlag kehrte zurück. Daraus entstand ein im Fachblatt »Journal of the Royal Society of Medicine« veröffentlichter Artikel über »den ersten gemeldeten Fall von Nesselfieber, verursacht von der Frustration, der englischen Mannschaft beim Spielen zuzusehen«.

246. Kein Spieler gewann häufiger den DFB-Pokal als Oliver Kahn: sechsmal.

247. Der brasilianische Verteidiger Dante (Borussia Mönchengladbach) spricht sich korrekt »Dantsch«.

248. Makoto Hasebe (VfL Wolfsburg) hat in Japan mehr als eine Million Exemplare seines ersten Buches »Kokoro wo Totonoeru« verkauft. Auf Deutsch bedeutet der Titel ungefähr: »Die Seele in Ordnung halten«.

249. Nachdem Liverpool gegen Leeds im Februar 2000 ein Tor erzielt hatte, jubelte nicht nur der Torschütze: Der Schiedsrichter Mike Reed reckte seine Faust in die Luft.

250. Später gab Reed an, er habe sich darüber gefreut, zu Recht auf Vorteil entschieden zu haben.

251. Das torreichste Spiel in der Geschichte der Premier League war das 7:4 zwischen Portsmouth und Reading in der Saison 2007/08. Die unterlegenen Gäste stiegen am Ende der Saison nur aufgrund der schlechteren Tordifferenz (gegenüber Fulham) ab.

252. Ralf Fährmann, Torwart des FC Schalke, hält einen Mops, den er in Trikot und Bademantel in Vereinsfarben kleidet.

253. Franz Beckenbauer hieß bei der Stasi »Rasen 20«.

254. Der erste Deutsche Meister war der VfB Leipzig. Er gewann 1903 das Endspiel gegen den DFC Prag.

255. Zu diesem Endspiel kamen geschätzte 750 Zuschauer.

256. Bei der WM 2010 blieb Neuseeland unbesiegt, schied aber – nach drei Unentschieden – bereits in der Vorrunde aus.

257. Im Schnitt ist ein Spieler auf zwei Prozent der Strecke, die er insgesamt läuft, am Ball.

258. Miroslav Klose wird in Deutschland »Miro« genannt, in seinem Geburtsland Polen aber »Mirek«.

259. Der Feldspieler mit der meisten Bundesligaspielzeit, ohne jemals ein Tor erzielt zu haben, ist Ferdinand Wenauer vom 1. FC Nürnberg (15 120 Minuten, 168 Spiele).

260. Der erste Deutsche Meister VfB Leipzig existiert seit 2004 nicht mehr.

261. Mit 155 Torschüssen und fünfzehn Toren war Deutschland die deutlich offensivste Mannschaft der WM 1990.

262. Borussia Dortmund spielte in den ersten Jahren nach der Vereinsgründung in Blau-Weiß-Rot.

263. Erst kurz vor dem EM-Finale zwischen der Tschechoslowakei und Deutschland 1976 erfuhren beide Mannschaften, dass es im Fall eines Unentschiedens kein Wiederholungsspiel geben würde, sondern ein Elfmeterschießen. Diese Änderung hatte der DFB erwirkt, um Belastungen seiner Spieler zu vermeiden. Deutschland verlor das Finale im Elfmeterschießen.

264. Der Spruch »Never change a winning team« stammt von Alfred Ramsey, Trainer der englischen Weltmeisterelf von 1966.

265. Fünf Tore schießen und doch nicht gewinnen – das widerfuhr drei Vereinen in der Bundesligageschichte: Gladbach in Bremen (1969), Bayern gegen Düsseldorf (1975) und Bochum gegen Bayern (1976). Alle drei Spiele endeten 5:6.

266. Bochum hatte gegen Bayern sogar 4:0 geführt.

267. Der erste Fernsehbeweis der Bundesliga überführte den Schalker Manfred Drexler 1979. Der Schiedsrichter hatte nicht gesehen, dass Drexler den am Boden liegenden Münchner Wolfgang Kraus getreten hatte; aufgrund der TV-Bilder wurde Drexler für drei Monate gesperrt.

268. Frankreich war der erste Weltmeister mit Spielern, die ihre Wurzeln auf allen fünf Kontinenten hatten.

269. Als in einem niederländischen Pokalspiel zwischen Ajax Amsterdam und Cambuur Leeuwarden ein Ajax-Spieler verletzt am Boden lag, spielte Leeuwarden den Ball fair ins Aus. Amsterdam schoss den Ball ebenso fair zurück – allerdings aus Versehen zum 3:0 ins gegnerische Tor. Nach dem folgenden Anstoß ließ Ajax Leeuwarden zum 3:1 passieren. Das war auch der Endstand.

270. Der Außenläufer Robert Schlienz vom VfB Stuttgart verlor 1948 durch einen Autounfall seinen linken Unterarm. Trotzdem wurde er 1950 und 1952 Deutscher Meister und bestritt noch drei Länderspiele.

271. Zur WM 1954 nahm Sepp Herberger Schlienz nicht mit, weil es Herberger unrecht war, dass Gegenspieler übertriebene Rücksicht auf Schlienz nehmen könnten.

272. Der Moderator Hans Rosenthal (»Dalli Dalli«) war von 1965 bis 1973 Präsident von Tennis Borussia Berlin.

273. Die größte Fußballerstatue der Welt steht in Santa Marta, Kolumbien, und ist Carlos Valderrama nachgebildet.

274. Dieter Hecking spielt in seiner Freizeit Golf.

275. Raúl spielte in 15 Saisons in der Champions League und erzielte in jeder Saison mindestens ein Heimtor.

276. Raúl ist mit 71 Treffern auch der Rekordtorschütze in der Champions League.

277. Oliver Kahn spielte 197 Mal zu null – Bundesligarekord.

278. Jens Lehmann erzielte 1997 für Schalke gegen Dortmund das erste Bundesligator eines Torhüters, das kein Elfmeter war.

279. Die FIFA sprach 1981 ein Verbot gegen jegliche Formen des Torjubels aus, bei denen Spieler einander küssen, denn dies sei »unmännlich« und »übertrieben gefühlsbetont«.

280. Nach dem Spiel Österreich gegen Italien bei der WM 1978 fanden Bruno Pezzey und Francesco Graziani den Trikottausch anscheinend zu gewöhnlich: Sie tauschten ihre Hosen.

281. Spanien wurde 2010 der erste Weltmeister, der sein Auftaktspiel verlor (0:1 gegen die Schweiz).

282. Manchester United blieb zwischen November 2008 und Februar 2009 in 14 Spielen in Folge ohne Gegentor – Rekord in der Premier League.

283. UEFA-Pokal, Halbfinalrückspiel 2008/09, Hamburg gegen Bremen: Michael Gravgaard will einen einfachen Ball zum Torwart zurückspielen, als dieser über eine Papierkugel rollt und so vom Dänen nicht mehr kontrolliert werden kann. Der Ball geht nicht zum Torwart, sondern ins Aus zur Ecke für Bremen. Die Bremer erzielen im Anschluss an die Ecke das 3:1 und ziehen später ins Finale ein.

284. Im bulgarischen Pokalfinale 1985 entwickelte sich eine Schlägerei, in deren Folge fünf Spieler lebenslang gesperrt wurden. Einer von ihnen war der seinerzeit 19-jährige Hristo Stoitchkov. Stoitchkovs Sperre wurde später aufgehoben, und er entwickelte sich zu einem der besten Fußballer der Welt.

285. Vor dem Anpfiff zum Qualifikationsspiel zur EM 1996 zwischen der Schweiz und Schweden entrollten die Schweizer Spieler ein Transparent mit der Aufschrift »Stop it Chirac« – ein Protest gegen die französischen Atomtests im Mururoa-Atoll.

286. Philipp Lahm heftet seine Kontoauszüge ab.

287. Thomas Müller wirft seine Kontoauszüge in eine Kiste.

288. Das Fußballmagazin »kicker« wurde 1920 gegründet.

289. Bei der EM 2008 war Griechenland der erste Titelverteidiger, der alle seine Spiele verlor.

290. Knapp vier Monate nach Beginn des Zweiten Weltkriegs entschied die FIFA, wer die WM 1942 austragen solle. Die Wahl fiel auf Deutschland.

291. Das Elfmeterschießen erfand 1970 der Schiedsrichter Karl Wald aus Penzberg in Oberbayern.

292. Franz Beckenbauer und der Brasilianer Mario Zagallo wurden als Spieler und als Trainer Weltmeister.

293. Reiner Calmunds Vater war bei der Fremdenlegion.

294. Ein Profifußballer kommt auf durchschnittlich 1000 Kopfbälle pro Jahr.

295. Bei seinem ersten Länderspiel war Oliver Bierhoff 27.

296. Bei seinem ersten Länderspiel war Horst Hrubesch 29.

297. Mit durchschnittlich 24,3 Jahren stellte Borussia Dortmund 2010/11 den jüngsten Meister der Bundesligageschichte.

298. Die erste Trainerentlassung der Bundesliga traf Herbert Widmayer vom 1. FC Nürnberg am 30. Oktober 1963. Nürnberg hatte 0:5 gegen Kaiserslautern verloren.

299. Die Abkürzung »ManU« für Manchester United kam zuerst als Schmähgesang auf, der auf »manure«, Dünger, anspielt: Nachdem bei einem Flugzeugabsturz in München 1958 auch der berühmte Manchester-Spieler Duncan Edwards gestorben war, sangen gegnerische Fans: »Duncan Edwards, du bist Dünger!«

300. Jeder zweite Fußballer hatte im Lauf seiner Karriere schon eine schwere Gehirnerschütterung.

301. Wenn beim Elfmeter der Schütze in die linke Ecke schießt und der Torwart diese erahnt, landen 55 Prozent der Schüsse trotzdem im Tor. Bei der rechten Ecke sind es sogar 71 Prozent.

302. Die erste Mannschaft, die in Deutschland mit Pressing spielte, war der Hamburger SV unter dem Trainer Ernst Happel.

303. Das einzige Silver Goal der EM-Geschichte erzielte der Grieche Traianos Dellas 2004 im Halbfinale gegen Tschechien.

304. Deutsche Fußballer prägen Fremdsprachen: Die Vokuhila-Frisur heißt auf Italienisch »capelli alla tedesca« (Haare nach deutschem Stil), auf Niederländisch »duitse mat« (deutsche Matte) und auf Ungarisch schlicht »Bundesliga«.

NICHT DER BESSERE SOLL GEWINNEN
SONDERN SCHALKE

FC SCHALKE 04

⚽ FC SCHALKE 04 ⚽

FC SCHALKE 04

UEFA CUP

18

305. Von August 1991 bis April 1992 war Günter Netzer Manager beim FC Schalke.

306. Der sowjetische Startorwart Lew Jaschin gab an, seit seinem achten Lebensjahr Raucher zu sein.

307. Die meisten Siege bei Europameisterschaften hat Deutschland errungen, nämlich neunzehn.

308. Bevor Sepp Blatter 1981 Generalsekretär der FIFA wurde, heiratete er die Tochter seines Vorgängers.

309. Nachdem Jens Lehmann mit dem VfB Stuttgart gegen Mainz unentschieden gespielt hatte, wurde er von zwei Fans vor dem Stadion kritisiert. Einem riss er die Brille vom Gesicht und gab sie ihm erst später wieder.

310. Roberto Baggio verwandelte 68 Elfmeter in der Serie A und ist damit Rekordhalter in Italien.

311. Seit der Einführung des UEFA-Cups in der Saison 1971/72 gab es immer mindestens einen Sieg einer italienischen Mannschaft im Auftaktspiel eines europäischen Wettbewerbs.

312. Beim Spiel Stade Olympique l'Emyrne gegen AS Adema in der 1. Liga von Madagaskar erzielten die Spieler von l'Emyrne aus Protest gegen die Schiedsrichter 149 Eigentore. Das Spiel endete 149:0 für AS Adema.

313. Mehr Tore und mehr Eigentore gab es bisher noch in keinem Spiel in einer ersten Liga.

314. Der BFC Germania 1888 Berlin ist der älteste noch existierende Klub in Deutschland.

315. Penarol Montevideo gewann 1960 die erste Copa Libertadores, das südamerikanische Pendant zur Champions League.

316. Laut der Studie »Geschichtliche Aspekte in der Präanabolen Phase« waren einige Spieler der deutschen Elf beim Wunder von Bern 1954 mit dem Aufputschmittel Pervitin gedopt.

317. Im Spiel Barcelona gegen Kopenhagen in der Champions League 2010 imitierte der Barça-Keeper José Manuel Pinto einen Schiedsrichterpfiff, woraufhin der Kopenhagener Spieler César Santin seine Attacke kurz vor dem Tor stoppte. Zu dem Zeitpunkt stand es 1:0 für Barcelona, das am Ende 2:0 gewann.

318. Bixente Lizarazu trug bei Bayern München die Rückennummer 69. Der Franzose ist Jahrgang 1969, 1,69 Meter groß und wog damals 69 Kilo.

319. Weil die Tribünen häufig leer waren, hat der italienische Zweitligist Triestina im Stadion Bilder seiner Fans aufgehängt.

320. Der erste Brasilianer in der Bundesliga war José Gilson Rodriguez (»Zeze«) 1964 beim 1. FC Köln.

321. Der malayische Islam-Kleriker Nooh Gadot warnt Muslime davor, Manchester-United-Trikots anzuziehen, da der Verein einen Teufel im Wappen trägt.

322. Weil die »Beer-Babes«, weibliche Fans aus den Niederlanden, bei der WM 2010 orangefarbene Minikleider trugen, die von einer (mit dem Hauptsponsor Budweiser konkurrierenden) Biermarke als Werbegeschenke verteilt worden waren, ließ die FIFA die Fans abführen und mehrere Stunden verhören.

323. Zinédine Zidane sagte, er würde lieber sterben, als sich bei Marco Materazzi, den er mit einem Kopfstoß im WM-Finale 2006 zu Boden gestreckt hatte, zu entschuldigen.

324. Der Fußballverband von Benin löste die Nationalmannschaft auf, nachdem diese beim Africa-Cup 2010 schlecht abgeschnitten hatte. Als Grund wurde unter anderem »mangelnder Patriotismus« angegeben.

325. In den USA gab es vor einigen Jahren eine Debatte, ob man das Mindestalter für Kopfbälle auf 18 Jahre festsetzen müsse, um die Köpfe der Kinder zu schützen.

326. Joseph Goebbels notierte in seinem Tagebuch nach einer 2:3-Niederlage Deutschlands gegen Schweden: »100 000 Menschen sind deprimiert aus dem Stadion weggegangen. Den Leuten liegt der Gewinn dieses Fußballspiels mehr am Herzen als die Einnahme irgendeiner Stadt im Osten.«

327. Die in der EM-Qualifikation berühmten Duelle gegen die Faröer-Inseln gibt es erst seit 1988. Vorher waren die Färinger nicht FIFA-Mitglied und trugen nur Länderspiele gegen Island, die Shetland-Inseln und die Orkney-Inseln aus.

328. Die Heimmannschaft gewinnt 68,3 Prozent aller Spiele.

329. Die höhere Siegquote der Heimmannschaft ist nach aktuellen Studien vor allem der Beeinflussbarkeit des Schiedsrichters durch die Fans zuzuschreiben.

330. Nach seinem Wechsel zu Fenerbahce Istanbul bekam der Brasilianer Roberto Carlos zwölf Bodyguards gestellt. Sechs davon begleiteten ihn tagsüber, sechs bewachten seine Hotelsuite.

331. Rudi Assauer war von 1976 bis 1981 Manager bei Werder Bremen.

332. Als die 18 Trainer der höchsten russischen Spielklasse Mitte der 90er an einer Abstimmung teilnahmen, bejahten alle die Frage, ob es manipulierte Spielausgänge in der Liga gebe, und verneinten die Frage, ob ihre Mannschaft je an so einem Spiel teilgenommen habe.

333. Inter Mailand gewann 2006/07 nacheinander 17 Serie-A-Spiele. So viele Siege in Folge schaffte noch kein Team in Europas besten fünf Ligen.

334. Der Bundestorwarttrainer Andreas Köpke ist als aktiver Spieler sechsmal abgestiegen.

335. Paolo Montero hält mit 16 Platzverweisen den Rekord in der italienischen Serie A.

336. Kein europäischer Trainer wurde häufiger entlassen als Peter Neururer.

337. Peter Neururer spielt in seiner Freizeit Golf.

338. Die meisten Profis der Premier League sind in der zweiten Jahreshälfte geboren. Im Oktober und November sind es mehr als zweieinhalb Mal so viele wie im April und Juni. Denn: Das Schuljahr beginnt direkt nach den Sommerferien, die im Herbst geborenen Kinder sind also bei der Einschulung einige Monate älter als die in der ersten Jahreshälfte geborenen. Dadurch haben sie einen Vorteil beim Sport, weil sie etwas größer und stärker sind. Sie werden öfter in die Schulmannschaft aufgenommen, trainieren und spielen öfter – und werden öfter von einem Verein entdeckt.

339. Das Kochbuch von Arne Friedrich und dem Koch Ralf Zacherl heißt »Foodball«.

340. Der Laugen-Leberkäse-Burger aus »Foodball« heißt »Der L-Augenthaler«.

341. Die Zitronenlimo heißt »Limo Hildebrand«.

342. Franck Ribéry arbeitete als 20-Jähriger im Straßenbau.

343. Bei der WM 1994 schied Kolumbien nach der Vorrunde aus. Andres Escobar hatte im entscheidenden Spiel gegen die USA ein Eigentor erzielt. Zehn Tage später wurde er erschossen, vermutlich von einem aufgebrachten Fan.

344. Der VfB Stuttgart spielte 1992 in der ersten Runde der Champions League gegen Leeds United. Das Hinspiel hatte Stuttgart 3:0 gewonnen und das Rückspiel 1:4 verloren, was die nächste Runde bedeutet hätte. Doch weil der Trainer Christoph Daum mit Jovica Simanic einen vierten Ausländer eingewechselt hatte, wurde die Partie 0:3 gewertet. Es kam zum Entscheidungsspiel, das der VfB 1:2 verlor.

345. Der jüngste Spieler, der in der Champions League jemals zum Einsatz kam, war Celestine Babayaro vom RSC Anderlecht. Er war 16 Jahre und 87 Tage alt.

346. Celestine Babayaro ist auch der jüngste Spieler mit einem Platzverweis in der Champions League. In seinem ersten Spiel gegen Steaua Bukarest sah er Rot.

347. Die längste Karriere in der Premier League legte Sir Stanley Matthews hin. Er spielte 32 Jahre und 10 Monate, sein letztes Spiel bestritt er im Alter von 50 Jahren und 5 Tagen.

348. Nur der 1. FC Köln hatte bei jedem der deutschen WM-Triumphe einen Spieler auf dem Platz stehen (1954 Hans Schäfer, 1974 Wolfgang Overath, 1990 Bodo Illgner, Pierre Littbarski und Thomas Häßler).

349. Dafür hatte der FC Bayern bei jeder Niederlage in einem WM-Finale mindestens einen Spieler auf dem Feld (1966 Beckenbauer, 1982 Breitner, Dremmler und Rummenigge, 1986 Eder, Dieter Hoeneß und Matthäus, 2002 Kahn, Jeremies und Linke).

350. Das größte Fußballstadion Europas ist das Camp Nou in Barcelona mit einem Fassungsvermögen von 99 354 Zuschauern.

351. Carolina Morace war 1999 die erste Frau, die ein Profiteam der Männer trainierte (Viterbese in der dritten italienischen Liga). Heute ist sie Trainerin der kanadischen Frauenauswahl.

352. Zwischen dem 23. Februar 2002 und dem 2. April 2011 blieb José Mourinho als Trainer von vier verschiedenen Vereinen (Porto, Chelsea, Inter, Real Madrid) in 150 Liga-Heimspielen ungeschlagen. Die Serie endete mit einem 0:1 gegen Sporting Gijon.

353. Der älteste Spieler, der bei einer WM ein Tor erzielte, war Roger Milla mit 42 Jahren bei der WM 1994.

354. Mohammed Al Deayea (1990–2006) ist der Spieler mit den meisten Länderspielen weltweit: 178 Partien für Saudi-Arabien.

355. Klaus Fischer erzielte fast 28 Jahre nach seiner ersten Auszeichnung erneut das »Tor des Monats«. Im Nostalgie-Derby der Altstars der Vereine FC Bayern München und TSV 1860 München am 30. Juli 2003 gelang ihm ein Fallrückzieher – mit 53 Jahren.

356. In der Saison 1984/85 gewann der FC Aberdeen die schottische Meisterschaft, seitdem ging der Titel immer an ein Team aus Glasgow (entweder Rangers oder Celtic).

357. Horst Heldt spielt in seiner Freizeit Golf.

358. Am 32. Spieltag der Saison 1983/84 erzielten die Teams insgesamt 53 Tore – Rekord in der Bundesliga.

359. In den ersten 48 Bundesligasaisons (bis Sommer 2011) bekam das Heimteam fast 70 Prozent der Elfmeter zugesprochen.

360. Aber nur 61 Prozent aller Tore schoss das Heimteam.

361. Toni Schumacher stand bei 96 Bundesliga-Elfmetern im Tor (Rekord), und er hat auch die meisten kassiert (74).

362. Die meisten Elfmeter gehalten hat Rudolf Kargus (Düsseldorf, KSC, Nürnberg und HSV): 23 von 76 Strafstößen hielt der Torwart, 6 wurden verschossen, 47 verwandelt.

363. Dieter Hecking und Jürgen Klopp haben zusammen in der Hessenauswahl gespielt.

364. International anerkannte Trikots mit Rückennummern tauchten im Fußball erstmals 1939 auf. In Deutschland spielt man seit 1948 mit Nummer auf dem Rücken.

365. Fußball auf Österreichisch: Wird ein Spieler getunnelt, ist das für einen Österreicher eine »Gurke«.

366. Der Schiedsrichterassistent heißt »Outwachler«.

367. Die Notbremse wird in Österreich auch als »Torraub« bezeichnet.

368. Einen Führungsspieler nennen Österreicher »Primgeiger«.

369. Ein Ball von der Seite in den Strafraum heißt »Stanglpass«.

370. Ein durch einen Torwartfehler verursachtes Tor ist ein »Steirergoal«.

371. Die Ballberührung mit der Hacke nennen die Österreicher »Fersler«.

372. Gerd Müller hat nicht nur die meisten Bundesligatore erzielt (365), er trat auch zu den meisten Elfmetern an (63, davon 51 verwandelt).

373. Die meisten Elfmeter verwandelt hat allerdings Manfred Kaltz (53 von 60).

374. Paulo Diogo kletterte 2004 nach einem Tor für seinen Schweizer Club Servette Genf gegen Schaffhausen beim Jubeln auf einen Begrenzungszaun, verhakte sich mit einem Ring und verlor beim Zurückspringen auf den Boden zwei Glieder seines Fingers.

375. Das teuerste Trikot der Auktionsgeschichte ist Pelés Nummer 10 aus dem WM-Finale von 1970. Es wurde im März 2002 für 140 000 Pfund versteigert.

376. Uli Hoeneß ist mit der von ihm gegründeten Würstchenfabrik Großlieferant von Aldi.

377. Die Fabrik produziert in Spitzenzeiten fünfzig Tonnen Wurst am Tag – das sind 2,5 Millionen Stück.

MODE
> 378. – 389.

Großer Sport soll ja nicht nur erfolgreich sein: Er soll auch gut aussehen.

INDIEN WEIGERTE SICH 1950, AN DER WM TEILZUNEHMEN, DA DIE FIFA DAS BARFÜSSIGE SPIELEN VERBOT. INDIEN QUALIFIZIERTE SICH NIE WIEDER FÜR EINE WELTMEISTERSCHAFT.

Das klassische Trikot der deutschen Nationalmannschaft – schwarze Hose, weißes Hemd – geht auf die Farben Preußens und auf die Farben des deutschen Ordens zurück.

JOGI LÖWS HELLBLAUER PULLOVER WIRD IM DFB-MUSEUM AUSGESTELLT.

Die Spieler des FC Bayern trugen von 1900 bis 1906 hellblaue Hemden.

BEI DEN ERSTEN VIER WELTMEISTERSCHAFTEN SPIELTE BRASILIEN IN WEISS. NACH DER SCHMACHVOLLEN NIEDERLAGE GEGEN **URUGUAY** 1950 WURDE AUF DAS HEUTIGE GELB UMGESTELLT.

125 000 Euro betrug die Strafe, die **Oliver Kahn** bezahlen musste, weil er Designerklamotten nicht verzollt hatte, die er sich 2010 im Urlaub in Dubai gekauft hatte.

DER DESIGNER **DANIEL HECHTER** WAR IN DEN 70ERN PRÄSIDENT VON PARIS SAINT-GERMAIN. ER IST AUCH FÜR DAS BIS HEUTE BESTEHENDE TRIKOTDESIGN DES VEREINS VERANTWORTLICH.

Zur WM 2002 gab es in Japan einen »Hattrick-BH«, dessen Cups mit Netzen überspannt waren, für 145 Euro.

Der Brasilianer **Ronaldo** ließ sich ein dreieckiges Haarbüschel wachsen, weil sein kleiner Sohn ihn als Glatzkopf im Fernsehen mit Roberto Carlos verwechselt hatte.

In einem Interview mit der »Welt« ließ Joachim Löw die Journalistin Dagmar von Taube an seinem Haar ziehen, um zu beweisen, dass er kein Toupet trägt.

ZU JEDEM TRIKOT DER DEUTSCHEN NATIONALMANNSCHAFT FÜR DIE FRAUENFUSSBALL-WM 2010 GEHÖRT EIN SCHWARZ-ROT-GOLDENES **HAARBAND**.

Die Designerin der Trikots der deutschen Nationalmannschaft für die Frauenfußball-WM 2010 arbeitet bei Adidas eigentlich im Bereich Frauenfitness und Yoga.

390. Patrick Viera flog bei drei verschiedenen Teams in der Champions League vom Platz (Arsenal, Juventus, Inter).

391. Die steilsten Stadionränge der Bundesligasaison 2011/12 hat der FC Augsburg (37 Grad), die flachsten Hertha BSC Berlin (25,4 Grad).

392. Ruud van Nistelrooy erzielte nur eines seiner 150 Tore für Manchester United in der Premier League von außerhalb des Strafraums.

393. Der Franzose Thierry Henry erzielte in fünf aufeinanderfolgenden Premier-League-Saisons jeweils mindestens 20 Tore. Das schaffte sonst niemand.

394. Clarence Seedorf (Niederlande) ist der erste Spieler, der mit drei verschiedenen Vereinen die Champions League gewonnen hat (Amsterdam 1995, Real Madrid 1998, AC Mailand 2003).

395. Seit Gründung der spanischen Primera Division im Jahr 1929 gewannen nur neun verschiedene Teams die Meisterschaft.

396. Der FC Barcelona und Real Madrid sind die einzigen Teams in der Primera Divison, die mehr als 90 Tore in einer Saison erzielten. Beiden Teams gelang es auch schon, die 100-Tore-Marke zu überschreiten (Madrid dreimal, Barcelona zweimal).

397. Weil die eigenen Landsleute nicht ausreisen durften, verschenkte das nationale Sportkomitee Nordkoreas für die WM 2010 eintausend Tickets an Chinesen, damit diese im Stadion für Nordkorea jubeln.

398. Bei dem brasilianischen Erstligisten FC Santos steht der Mittelfeldspieler Overath Breitner da Silva Medina unter Vertrag.

399. In Experimenten bestraften Schiedsrichter Spieler mit schwarzen Trikots härter als Spieler mit weißen Trikots, die das exakt gleiche Foul begangen hatten.

400. Es wird allerdings auch davon ausgegangen, dass Spieler aggressiver sind, wenn sie schwarze Trikots tragen, als in weißen.

401. Guy Roux trainierte AJ Auxerre ohne Unterbrechung 36 Jahre lang, von 1964 bis 2000.

402. Die Nationalmannschaften aus Kroatien, Tschechien, England, Lettland und Spanien erzielten durchschnittlich 0,97 Tore mehr, wenn sie in roten Trikots aufliefen, als in ihrer jeweiligen Alternativfarbe.

403. Im WM-Kader 1990 hatte nur ein Spieler der deutschen Nationalmannschaft Abitur (Thomas Berthold), im WM-Kader 2010 waren es acht Spieler (Müller, Gomez, Badstuber, Mertesacker, Jansen, Friedrich, Marin, Neuer).

404. Lionel Messi ist der einzige Spieler, der dreimal in Folge Torschützenkönig der Champions League geworden ist.

405. Der Spieler mit der besten Torquote pro Spiel in der deutschen Nationalmannschaft ist nicht etwa Gerd Müller (68 Tore in 62 Spielen), sondern Gottfried Fuchs. Er spielte von 1911 bis 1913 sechsmal für Deutschland und erzielte dabei 14 Tore. Das macht einen Schnitt von 2,33 Toren pro Partie.

406. Der AC Mailand blieb in 58 Ligaspielen in Folge ohne Niederlage (1990/91 bis 1992/93), länger als jedes andere Serie-A-Team. Die Serie startete mit einem 0:0 gegen Parma und endete mit einem 0:1 gegen Parma.

407. Thomas Helmer spielt in seiner Freizeit Golf.

408. Der Argentinier Gabriel Batistuta erzielte in der Saison 1994/95 für Florenz in elf Serie-A-Spielen in Folge mindestens ein Tor, das schaffte sonst niemand.

409. Bis 1995 unterstützte der Chemiekonzern Bayer mit Leverkusen und Uerdingen zwei Profivereine. Unter dem Bayer-Kreuz holten die Teams drei Titel (1985 Uerdingen den DFB-Pokal, 1988 Leverkusen den UEFA-Cup, 1993 Leverkusen den DFB-Pokal) und keinen einzigen zweiten Platz. Seit 1995 setzt Bayer nur noch auf Leverkusen – mit dem Ziel, lieber einen Spitzenklub als zwei mittelmäßige Mannschaften zu unterstützen. Doch seitdem scheint ein Fluch auf der Werkself zu lasten: Es kam kein Titel hinzu, stattdessen acht Vize-Titel.

410. Seinen entlassenen Trainern Ranieri, Mourinho, Grant, Scolari und Ancelotti hat der FC Chelsea insgesamt 80 Millionen Euro Abfindung gezahlt.

411. Das erste Geisterspiel im deutschen Profifußball, also ein Spiel ohne Zuschauer, trugen die damaligen Zweitligisten Aachen und Nürnberg am 26. Januar 2004 aus. Es war ein Wiederholungsspiel, nachdem in der regulären Partie der Nürnberger Trainer Wolfgang Wolf von einem Wurfgeschoss aus dem Aachener Fanblock getroffen worden war.

412. Papiss Demba Cissé ist der Afrikaner mit den meisten Bundesligatoren innerhalb einer Saison (2010/11: 22 Tore).

413.   Sebastian Kehl spielt in seiner Freizeit Golf.

414.   Die meisten Tore in einem WM-Spiel erzielte der Russe Oleg Salenko beim 6:1 über Kamerun im Jahr 1994. Er erzielte damals fünf Treffer.

415.   José Mourinho ist der erste Trainer, der das Halbfinale der Champions League mit vier verschiedenen Teams erreicht hat (Porto, Chelsea, Inter Mailand und Real Madrid).

416.   Nachdem der damalige Kölner Stürmer Toni Polster wegen eines Fouls für acht Wochen gesperrt worden war, fuhr der FC mit einer Videokassette zum DFB. Das Video sollte zeigen, dass Polsters Tritt gegen Paulo Sergio doch nicht so schlimm gewesen war. Allerdings enthielt das Video nur einen Auftritt der Kölner Band Bläck Fööss, die Karnevalslieder singt.

417.   Polsters Sperre wurde trotzdem auf fünf Spiele gesenkt.

418.   Der russische Zweitligist Alania Vladikavkaz erreichte 2011 das russische Pokalfinale, ohne ein Tor während der regulären Spielzeit erzielt zu haben. Die Spiele bis zum Finale waren jeweils nach einem 0:0 im Elfmeterschießen entschieden worden. Das Endspiel verlor Vladikavkaz – in der regulären Spielzeit (1:2 gegen ZSKA Moskau).

419.   Der Chinese Shang Yi ist wohl der einzige Spieler, der für ein Vereinsengagement zahlte. Ein ungenannter Sponsor überwies in der Saison 2003/04 rund 47 000 Euro an den spanischen Zweitligisten Xerez, damit Shang Yi für den Club spielen durfte.

420.   Die beiden Finalisten des DFB-Pokals mit der geringsten Distanz zueinander waren Fortuna Köln und der 1. FC Köln 1983. Der FC gewann 1:0.

421. Den Weltrekord im Elfmeterschießen stellten die beiden englischen Jugendmannschaften Mickleover Lightning Blue Sox und Chellaston Boys 1998 auf. Erst nach 66 Elfmetern war das Spiel entschieden, zugunsten der Blue Sox.

422. Der ehemalige französische Nationaltrainer Raymond Domenech berücksichtigte bei der Aufstellung seiner Spieler für die WM 2006 auch die Sternzeichen. Er wollte keine Skorpione im Team und keine Löwen in der Abwehr. Bis heute wird vermutet, dass deswegen Robert Pires (ein Skorpion) nicht an der WM teilnehmen durfte.

423. Erst einmal in der Geschichte des DFB-Pokals trafen im Finale zwei Teams aus dem Ruhrpott aufeinander: 2011 gewann Schalke 5:0 gegen den MSV Duisburg.

424. Duisburg stand viermal im DFB-Pokal-Finale und verlor viermal. So viele Finalniederlagen kassierte kein anderes Team.

425. Die Kaugummis, die Alex Ferguson bei den Spielen von Manchester United kaut, heißen »Wrigley's Extra Ice«.

426. Eintracht Braunschweig hat seinen ersten Platzverweis in der Bundesliga erst nach 370 Spielen bekommen, so lange blieb kein anderes Team ohne Hinausstellung. 1975 kassierte Wolfgang Grzyb die erste rote Karte beim 3:2-Erfolg über Werder Bremen.

427. Alan Shearer ist der einzige Spieler, der in mehr als einer Premier-League-Saison mindestens 30 Tore erzielte (31, 31, 34).

428. Petr Cech blieb in der Saison 2004/05 in 24 Spielen ohne Gegentor und stellte damit einen Premier-League-Rekord auf.

429. Philipp Lahms Spitzname ist »Fipsi«.

430. Noch nie in der Geschichte des »Aktuellen Sportstudios« hat es ein Gast geschafft, alle sechs Schüsse auf die Torwand zu versenken.

431. Der erfolgreichste Nicht-Sportler an der Torwand ist Mike Krüger. Er traf viermal.

432. Bei seinem Auftritt im Sportstudio traf der portugiesische Superstar Eusebio 1967 kein Mal die Torwand. Nach Ende der Sendung schlich er wieder ins Studio und schoss weiter. Er brauchte 36 Versuche bis zum ersten Treffer.

433. Beim ersten Torwandschießen mussten Prominente 1960 auf ein Handballtor mit Fußballtorwart zielen.

434. Otto Waalkes erzielte an der ZDF-Torwand rückwärts mit der Hacke einen Treffer im oberen Loch.

435. Fünf Treffer schafften Günter Netzer, Rudi Völler, Günter Hermann, Reinhard Saftig, Matthias Becker, Rolf Fringer, Frank Pagelsdorf und der Torwart Frank Rost.

436. Die Nationalspielerin Lira Bajramaj traf zweimal an der ZDF-Torwand – in sieben Zentimeter hohen High Heels.

437. Bei der Meisterschaftsfeier des FC Bayern München 1994 traf Franz Beckenbauer das rechte untere Loch der Torwand, nachdem er sich den Ball auf ein Weißbierglas gelegt hatte.

438. Seit 2004 dürfen Fußballer beim Torjubel ihr Trikot nicht mehr ausziehen.

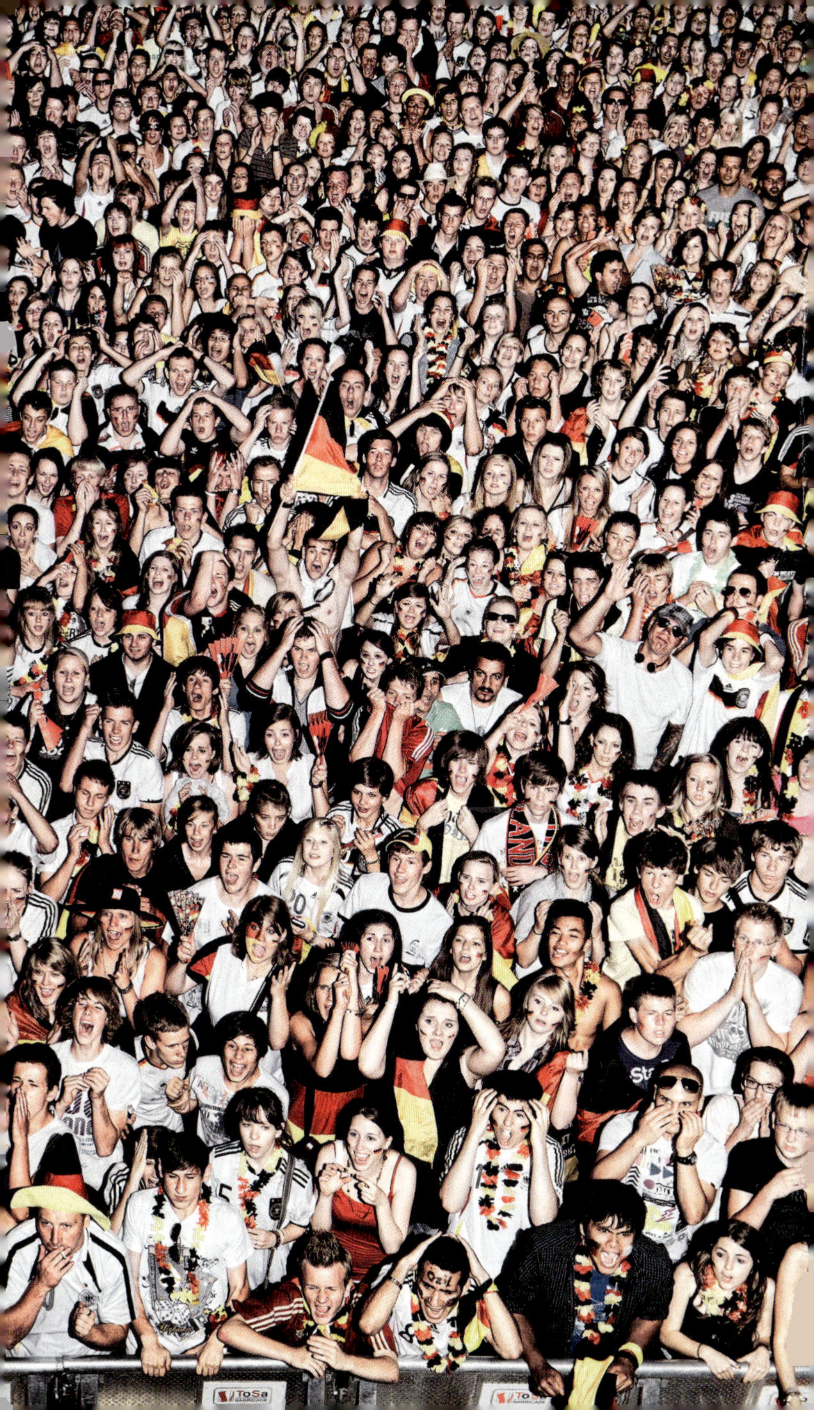
ToSa
BARRICADE

439. Carsten Jancker hält den Torrekord in einem DFB-Pokal-Spiel. 2004 erzielte er beim 15:0-Erfolg von Kaiserslautern gegen den FC Schönberg sechs Treffer.

440. Im Januar 2007 absolvierte der zwölfmalige italienische Nationalspieler Francesco Coco ein Probetraining bei Manchester City. Manchester sah von einer Verpflichtung ab, nachdem Coco sich auf dem Trainingsplatz eine Zigarette angezündet hatte.

441. Eintracht Frankfurt ist das einzige Team in der Geschichte der Bundesliga, das in der Hinrunde 26 Punkte holte und trotzdem noch abgestiegen ist (2010/11).

442. Kein Team hat mehr Spiele in der Bundesliga verloren als Eintracht Frankfurt: 553.

443. Ebenfalls 2010/11 wurde Eintracht Frankfurt zum einzigen Team, das an den ersten acht Spieltagen der Rückrunde keinen Treffer erzielte.

444. Der italienische Amateurfußballer Luigi Colluciowurde 1995 von Unbekannten erschossen, zwei Tage nachdem er in einem Fußballspiel eine Rote Karte bekommen hatte. Der Fußballverband bestand darauf, dass die Spielsperre auch neun Tage nach Collucios Tod noch offiziell verhängt werden müsse – aus statistischen Gründen.

445. Der medizinische Begriff für O-Beine: »Genu varum«.

446. Der Arsenal-Torhüter Pat Jennings wurde bei einem Spiel gegen Nottingham Forest von einem besonderen Wurfgeschoss getroffen: Die Spitze eines Dartpfeils steckte bis zum Anschlag in Jennings' Arm.

447. Werder Bremen gewann 2009 als erste Mannschaft den DFB-Pokal, ohne dabei ein Heimspiel bestritten zu haben.

448. Nur 3,48 Prozent der Bundesligaspiele, in denen ein Team drei oder mehr Tore erzielt hatte, verlor dieses Team.

449. Der AC Mantova (Italien) ist das Team mit den meisten Unentschieden in einer Saison. In der Saison 1966/67 endeten 22 der 34 Saisonspiele von Mantova mit einer Punkteteilung.

450. Catania (1983/84) und Varese (1971/72) sind die einzigen Teams, die in einer ganzen Saison in der Serie A nur einen Sieg in 30 Spielen feierten.

451. Inter Mailand ist das einzige Gründungsmitglied der Serie A, das noch niemals abgestiegen und somit seit 1929 ohne Unterbrechung in der Liga vertreten ist.

452. Die Abwehrspielerin Ana Christina Bruna aus Äquatorial-Guinea fing bei der Frauen-WM 2011 im Spiel gegen Australien den Ball nach einem Pfostentreffer mit den Händen, drehte sich um, ließ nach einer gefühlten Ewigkeit den Ball fallen und spielte weiter. Die ungarische Schiedsrichterin Gyöngyi Gaal sah diese Szene, gab aber keinen Elfmeter und ließ das Spiel weiterlaufen.

453. Die deutschen Frauen sind mit sieben Titeln bei Europameisterschaften die Rekordtitelträgerinnen.

454. Das italienische Wort »Catenaccio« bedeutet »Riegel«.

455. Birgit Prinz ist mit 14 Treffern die Rekordtorschützin bei Weltmeisterschaften.

456. 12 deutsche Fußballtrainer haben bisher 27 nicht-deutsche Nationen als Nationaltrainer betreut.

457. Die FIFA prüft die läuferischen Qualitäten ihrer Schiedsrichter mit dem Coopertest. Dabei muss man in zwölf Minuten eine möglichst lange Strecke laufen.

458. Kein Spieler aus dem nicht-englischsprachigen Ausland kam in der Premier League auf 400 Einsätze. Die einzigen Ausländer, die die Marke knackten, sind die Torhüter Mark Schwarzer (Australien), Brad Friedel (USA) und Shay Given (Irland).

459. Franz Beckenbauer gab Adolfo Valencia den Spitznamen »Der Entlauber«, nachdem Valencia bei Trainingsspielen des FC Bayern München mehrmals weit über das Tor geschossen hatte.

460. Uwe Seeler spielte nie für einen anderen Verein als den Hamburger SV. Selbst Millionenangebote aus Italien und Spanien lockten ihn nicht weg.

461. Der Ex-Dortmunder Jan Koller trägt die Schuhgröße 50.

462. Der damalige italienische Vizepräsident der FIFA, Dr. Ottorino Barassi, versteckte den WM-Pokal während des Zweiten Weltkriegs in einem Schuhkarton unter seinem Bett und bewahrte ihn so davor, in die Hände der Besatzungstruppen zu fallen.

463. Das Lied »Bochum« von Herbert Grönemeyer wurde zum ersten Mal am 20. März 1992 gegen den Lokalrivalen Wattenscheid 09 im Stadion gespielt – und seitdem bei jedem Heimspiel vor dem Anpfiff. Bochum war damals Letzter der Bundesliga.

464. Die englische Bezeichnung »Soccer« für Fußball entstand im Schülerjargon aus »soc«, einem Kürzel für »association football«, und »rugger« für Rugby.

465. Die Nationalmannschaft von Tunesien heißt »Les Aigles de Carthage« – »Die Adler von Karthago«.

466. Lothar Emmerich (Borussia Dortmund) erzielte 1965/66 vierzehn Treffer im Pokal der Pokalsieger und hält damit den Rekord in diesem Wettbewerb.

467. Der FC Porto ist die einzige Mannschaft, die schon zweimal das kleine Triple aus UEFA-Cup-/Europa-League-Sieg, Meisterschaft und nationalem Pokal holte.

468. Der FC Augsburg ist der insgesamt 51. Verein in der Bundesliga.

469. Der FC Porto ist auch die einzige Mannschaft, die den Europapokal der Landesmeister und die Champions League sowie den UEFA-Cup und die Europa League gewann.

470. Stefan Kießling spielt in seiner Freizeit Golf.

471. Franz Beckenbauer wird »Kaiser« genannt, seit er sich 1968 neben einer Büste von Kaiser Franz I. fotografieren ließ.

472. Sepp Maier stand 447 Mal in Folge im Tor des FC Bayern München – dreizehn Jahre am Stück.

473. Die FIFA hat mehr Mitgliedsländer als die UNO.

474. Die meisten Platzverweise der Bundesliga gab es im Spiel von Borussia Dortmund gegen Dynamo Dresden am 1. September 1993. Zwei Dortmunder und drei Dresdner sahen Rot, Dortmund gewann 4:0.

475. Das schnellste Tor in der Geschichte der WM-Qualifikation schoss Davide Gualtieri für San Marino. Er traf 1993 nach sieben Sekunden gegen England, das zwar noch 7:1 gewann, sich aber trotzdem nicht für die WM 1994 qualifizierte.

476. Im WM-Finale 1974 erzielten die Niederländer das 1:0 gegen Deutschland per Elfmeter in der 1. Minute. Deutschland hatte erst nach dem Elfmetertor die erste Ballberührung.

ST. STEPHENS
GARAGE
0181 472 0326
ST. STEPHENS
GARAGE
0181 472 0326
adidas

477. Mit insgesamt 30 Treffern ist der Iraner Ali Daei Rekordtorschütze aller WM-Qualifikationen.

478. Aus etwa sechzig Prozent der Situationen, in denen ein Spieler allein auf den Torwart zuläuft, entstehen Tore.

479. Die schnellste Rote Karte der Bundesliga bekam Marcel Titsch-Rivero (Eintracht Frankfurt) 43 Sekunden nach seiner Einwechslung gegen Dortmund im Mai 2011.

480. Die meisten Heimniederlagen in einer Bundesligasaison gab es 2010/11: 102.

481. Borussia Dortmund wurde 2010/11 Meister, ohne auch nur einen seiner fünf Elfmeter verwandelt zu haben.

482. In der Saison 2010/11 besuchten durchschnittlich 42 357 Zuschauer ein Bundesligaspiel – Rekord.

483. Die Stadt Wolfsburg wurde am 1. Juli 1938 von Adolf Hitler gegründet. Wolfsburg war ein Zusammenschluss der Gemeinden Alt-Wolfsburg, Heßlingen, Rothenfelde und Rothehof und hatte 857 Einwohner.

484. Das erste Länderspiel außerhalb von Großbritannien gewann Uruguay 3:2 gegen Argentinien. Das war 1901.

485. Ulf Kirsten spielt in seiner Freizeit Golf.

486. Glasgow ist die einzige Stadt der Welt, in der drei moderne Stadien mit jeweils über 50 000 Plätzen stehen.

487. In keiner der vergangenen elf Spielzeiten gewann ein Engländer in der Premier League den Goldenen Schuh für den besten Torjäger. Der letzte Brite, dem das gelang, war Kevin Philips in der Saison 1999/2000.

488. Birmingham City bot in der Premier League zwischen dem 21. November 2009 und dem 7. Februar 2010 zwölfmal in Folge dieselbe Startelf auf. So oft hintereinander setzte kein anderes Team der Liga auf dieselbe Mannschaft.

489. Der älteste Spieler, der je ein Premier-League-Spiel bestritt, war John Burridge. Der Keeper stand mit 43 Jahren und 162 Tagen zum letzten Mal für Manchester City zwischen den Pfosten.

490. In seinen insgesamt 14 Qualifikations- und Endrundenspielen der EM 2004 schoss der Turniersieger Griechenland nur fünfzehn Tore.

491. Kein Torwart kassierte bei WM-Turnieren mehr Gegentore als Mohammed Al Deayea (Saudi-Arabien) und Antonio Carbajal (Mexiko): jeweils 25.

492. Frankreich hat als einziger amtierender Weltmeister die EM gewonnen (Weltmeister 1998, Europameister 2000).

493. Zweimal wurde der amtierende Europameister auch Weltmeister. Deutschland schaffte dies als Europameister von 1972 bei der WM 1974, Spanien gewann 2008 und 2010.

494. Kein Team wurde häufiger Zweiter bei Europameisterschaften als Deutschland und die Sowjetunion (je dreimal).

495. EM-Rekordtitelträger ist die deutsche Nationalmannschaft (1972, 1980, 1996).

496. Sechs der 13 EM-Endspiele endeten mit Zu-null-Siegen.

497. Oliver Bierhoff schoss das erste offizielle Golden Goal im Herrenfußball. Er erzielte das 2:1 gegen Tschechien im Finale der Europameisterschaft 1996 und machte Deutschland damit zum Europameister.

498. Ernst Willimowski ist der einzige Spieler, der ein Tor gegen Deutschland (am 9. September 1934 beim 2:5 in Warschau für Polen) und auch für Deutschland erzielte (13 Tore in 8 Spielen).

499. Deutschland gewann das letzte Länderspiel im Wembley-Stadion, bevor es umgebaut wurde (1:0 durch ein Tor von Dietmar Hamann am 7. Oktober 2000).

500. Deutschland fügte England auch die erste Länderspielniederlage nach dem Umbau zu (2:1 am 22. August 2007).

501. Uli Hoeneß überlebte 1982 als einer von vier Passagieren den Absturz eines Kleinflugzeugs.

502. Im Jahr 2003 wurde der damals 18-jährige Bastian Schweinsteiger nachts um zwei in Damenbegleitung im Whirlpool der FC-Bayern-Kabine ertappt. Die Dame in seiner Begleitung bezeichnete er als seine Cousine.

503. Die Spieler der ukrainischen Nationalelf beklagten nach der 0:4-Niederlage gegen Spanien bei der WM 2006, die Frösche unter dem Hotelfenster hätten zu laut gequakt. Deshalb sei das gesamte Team in der Nacht vor dem Spiel mit Stöcken und Körben bewaffnet zur Froschjagd ausgerückt, statt zu schlafen.

504. Die Mannschaft mit den meisten Toren in der Champions-League-Gruppenphase war Manchester United in der Saison 1998/99 mit 20 Treffern.

505. Ivan Klasnic erzielte in der Champions League fünf Treffer. Alle für Bremen und alle gegen den RSC Anderlecht.

506. Kein Team kassierte in einer Champions-League-Saison mehr Gegentore als Bayer Leverkusen in der Saison 2001/02 (28 Gegentore in 17 Spielen, dennoch erreichte Bayer das Finale).

507. Barcelona schoss die meisten Tore in einer Champions-League-Saison: 45 Treffer (1999/2000). Auf Platz 2 liegt Real Madrid mit 35 Toren, ebenfalls in der Saison 1999/2000 (die gleiche Marke erreichte Madrid auch in den beiden folgenden Saisons).

508. Seit der Saison 2000/01 (Helsingborgs IF) spielte kein schwedisches Team mehr in der Champions League.

509. Bernard Dietz, deutscher Europameister von 1980, hat bei seiner Ausbildung zum Schmied zwei Finger verloren.

510. Der Vater von Miroslav Klose war Profifußballer. Der Vater von Lukas Podolski ebenfalls.

511. Die Mutter von Miroslav Klose spielte Handball in der polnischen Nationalmannschaft. Die Mutter von Lukas Podolski ebenfalls.

512. 1970 filmte der Regisseur Hellmuth Costard für seinen Dokumentarfilm »Fußball wie noch nie« den Spieler George Best mit sechs Kameras ein komplettes Spiel lang. 2006 wiederholte der Dokumentarfilm »Zidane« das Konzept mit dem Franzosen Zinédine Zidane – mit siebzehn Kameras.

513. Jens Nowotny ist mit fünf Roten und drei Gelb-Roten Karten der Bundesligaspieler mit den meisten Platzverweisen.

514. Der Ire Con Martin spielte für die irische Nationalmannschaft auf fünf verschiedenen Positionen – darunter auch im Tor.

515. Auf dem Trainingsgelände des HSV gibt es einen »Hermann-Rieger-Weg«, benannt nach dem legendären Vereinsmasseur, der sogar Siegprämien kassierte, wenn der HSV gewann.

516. »Du Hoyzer« ist nach dem Wettbetrug des Schiedsrichters Robert Hoyzer eine Schiedsrichterbeleidigung und kann den Platzverweis und eine Sperre von drei Spielen nach sich ziehen.

517. Lothar Matthäus ist mit 25 Einsätzen WM-Rekordspieler.

518. Der Filmregisseur Sönke Wortmann (»Deutschland – ein Sommermärchen«) spielte in der zweiten Bundesliga für die Vereine SpVgg Erkenschwick und Westfalia Herne.

519. »Kick It Like Beckham« war der erste westliche Film, der in Nordkorea gezeigt werden durfte.

520. In der Verfilmung des Fußballbuches »Fever Pitch« hat Nick Hornby, der Autor der Buchvorlage, einen kurzen Gastauftritt als Trainer des gegnerischen Teams.

521. Stefan Kuntz spielt in seiner Freizeit Golf.

522. Elton John war jahrelang Präsident des englischen Clubs FC Watford. Er ließ sein Auto in den Vereinsfarben lackieren.

523. Tasmania Berlin kassierte 31 Bundesligatore in Folge, ohne dazwischen ein eigenes Tor zu schießen – wohl ewiger Rekord.

524. »Familie unaufhorliche Liebe«: Das hat sich der Brasilianer Roberto Firmino (Hoffenheim) auf den Arm tätowieren lassen.

525. Wer an Bord eines Flugzeugs von South African Airways während der WM 2010 mit einer Vuvuzela spielte, riskierte eine bis zu sechsmonatige Gefängnisstrafe.

526. Wer die Begriffe »Lasagne« und »Berlin« googelt, findet den Hertha-Stürmer Pierre-Michel Lasogga, denn zu Beginn seiner Karriere nannte man ihn Lasagne.

527. Wer die Begriffe »Lasagne« und »Reck« googelt, findet ebenfalls Lasogga – sein Stiefvater ist der ehemalige Torhüter Oliver Reck.

528. Vor dem ersten WM-Endspiel 1930 in Montevideo sammelte die Polizei bei Leibesvisitationen an den Stadiontoren mehr als 1500 Pistolen und Revolver ein.

529. Während der WM 2006 stellten Unbekannte in Berlin an verschiedenen Plätzen Fußbälle auf, auf denen »Kick it« stand. Sie waren mit Beton gefüllt.

530. Fußball verändert den Hormonspiegel: Der Psychologe James Dabbs nahm Speichelproben von italienischen und brasilianischen Fans vor und nach dem WM-Finale 2004. Nach dem Sieg Brasiliens hatten die Brasilianer 28 Prozent mehr Testosteron im Blut als vorher, die Italiener 27 Prozent weniger.

GANZ FRÜHER
> 531. – 545.

Als Spieler noch nicht twitterten, war generell vieles anders.

1846 LEGTEN STUDENTEN DER **UNIVERSITÄT CAMBRIDGE** FEST, DASS EIN FUSSBALLTEAM 15 BIS 20 SPIELER UMFASST. 24 JAHRE SPÄTER WURDE DIE ZAHL AUF ELF BEGRENZT.

DER ERSTE VON DEUTSCHEN GEBILDETE FUSSBALLVEREIN WAR DER BERLINER **FC FRANKFURT** (IN BERLIN). GRÜNDUNGSDATUM: 4. MAI 1885.

Im Jahr 1878 verwendete ein Schiedsrichter erstmals eine **Trillerpfeife**.

Erst 1891 wurde das Tornetz offiziell eingeführt.

In seiner Anfangszeit wurde Fußball in England als Mittel gegen Masturbationsgelüste verschrieben.

1896 wurden in den sogenannten »**Jenaer Regeln**« festgelegt, dass auf dem Spielfeld keine Bäume und Sträucher stehen dürfen. Bis zur Verabschiedung der Regeln kam es vor, dass auf dem Spielfeld Bäume, Sträucher und Äste umspielt werden mussten.

UM 1870 WAR ES IN ENGLAND MITUNTER ERLAUBT, DIE GEGNERISCHEN SPIELER IN DEN LETZTEN FÜNF SPIELMINUTEN ZU TRETEN. DIESE PHASE NANNTE MAN »**HALLELUJA**«.

IN DEN ANFÄNGEN DES FUSSBALLSPIELS WURDEN IMMER WIEDER SPIELER VERSEHENTLICH **VERLETZT** ODER **GETÖTET**, WEIL SIE IHRE WAFFEN AUF DEM FELD NICHT ABGELEGT HATTEN.

In England wurde Fußball 1314 von **König Edward II.** als zu brutaler und zügelloser Sport verboten.

Der erste Fußballclub der Welt wurde 1857 gegründet: Sheffield F.C.

Das erste offizielle Länderspiel der Welt fand am 30. November 1872 in Glasgow statt. Schottland und England trennten sich 0:0.

Das Buch »**Discoparsa sopra il giuoco del calcio fiorentino**« enthielt die ersten Fußballspielregeln und wurde bereits 1580 herausgegeben.

Laut ursprünglicher Abseitsregel war es verboten, den Ball überhaupt nach vorn zu spielen.

DEN ERSTEN DEUTSCHEN FUSSBALLCLUB, EINEN SCHULVEREIN FÜR KINDER, GRÜNDETE 1874 DER GYMNASIALLEHRER **KONRAD KOCH** IN BRAUNSCHWEIG.

Der erste nationale Fußballverband, die »**Football Association**« **(FA),** wurde 1863 im Londoner Gasthaus »Freemason's Tavern« gegründet.

546. Als die TSG Hoffenheim 2007 mit Gremio Porto Alegre über den Transfer von Carlos Eduardo verhandelte, fragte der brasilianische Vereinspräsident, wie viele Einwohner die Stadt denn habe. Hoffenheims damaliger Trainer Ralf Rangnick behauptete daraufhin, es seien drei Millionen – in Wahrheit sind es 3000.

547. Carlos Eduardo wurde zum teuersten Neuzugang in der Geschichte der zweiten Bundesliga. Hoffenheim bezahlte für ihn 7,5 Millionen Euro.

548. Im Herbst 2006 streckte der Stürmer Christian Okpala im Training der Stuttgarter Kickers seinen Mitspieler Sascha Bender mit einem Faustschlag nieder, weil »er ständig furzte«.

549. Derby County ist die Mannschaft mit den meisten Gelben Karten in einer Premier-League-Saison. In der Saison 1999/2000 kassierten die Spieler von Derby County 93 Verwarnungen.

550. Bodo Illgner war 1990 der jüngste Torwart, der jemals Weltmeister wurde. Er war 23 Jahre alt.

551. Seit der WM 1982 haben die Brasilianer immer den ersten Platz in ihrer Vorrundengruppe belegt. Zuletzt war das 1978 nicht gelungen (damals Platz 2 hinter Österreich).

552. Der Stürmer Alan Martin Smith spielte von 1982 bis 1995 in über 500 Pflichtspielen für Leicester City und Arsenal und sah in dieser Zeit nur eine gelbe Karte.

553. Kein Torwart sah in einer Premier-League-Saison mehr Gelbe Karten als Jens Lehmann 2006/07 (acht).

554. Cardiff City ist das einzige nicht-englische Team, das je den FA-Cup gewann. Die Waliser holten den Pokal im Jahr 1927.

555. Miroslav Klose erzielte bei der WM 2002 alle seine fünf Tore per Kopf.

556. Robert Prosinecki ist der einzige Spieler, der bei Weltmeisterschaften für zwei verschiedene Nationalmannschaften ein Tor schoss: 1990 für Jugoslawien gegen die Vereinigten Arabischen Emirate, 1998 für Kroatien gegen Jamaika.

557. Carlos Alberto Parreira war der erste Trainer, der während einer WM entlassen wurde. Bei der WM 1998 wurde er als Trainer von Saudi-Arabien nach zwei verlorenen Gruppenspielen vor dem letzten Spiel gefeuert.

558. Der FC Barcelona unterhält die bestbezahlte Sportmannschaft der Welt. Ein Barça-Profi verdient durchschnittlich 5,5 Millionen Euro netto pro Jahr. Hinter Barcelona stehen Real Madrid (5,2 Millionen) und das Basketballteam LA Lakers.

559. Die Vereine der ersten spanischen Liga haben zusammen vier Milliarden Euro Schulden.

560. Den Weltrekord im Einwurf hält der Däne Thomas Grønnemark: 51,33 Meter.

561. Buenos Aires ist weltweit die Stadt mit den meisten Fußballvereinen. In der Saison 2010/11 kamen 14 der 22 Teams in der höchsten argentinischen Spielklasse, der Primera Division, aus der Hauptstadt des Landes.

562. Andreas Neuendorf, seinerzeit Profi bei Hertha BSC Berlin, wollte sich statt seines Nachnamens seinen Spitznamen aufs Trikot schreiben lassen: »Zecke«. Der Ligaverband DFL verbot dies. Daraufhin malte Neuendorf zwei Bilder, signierte sie mit »Zecke«, versteigerte sie, ließ sich »Zecke« als Künstlernamen in den Personalausweis eintragen – und die DFL musste ihm sein Wunschtrikot gewähren.

563. Für gerade mal 100 Euro wechselte der spanische Mittelfeldspieler Marcos Tebar im August 2010 von Real Madrid zum Zweitligisten FC Girona.

564. Giovanni Trapattoni besprühte vor wichtigen Spielen Teile des Rasens mit Weihwasser – bekommen hatte er die Flüssigkeit von seiner Schwester, einer Nonne.

565. Der Engländer Gary Lineker hat beim Warmmachen vor dem Spiel niemals aufs Tor geschossen. Seine Erklärung: »Ich wollte mir die Treffer für das Spiel aufsparen.«

566. Pierre Littbarski führt in seiner offiziellen Mailadresse immer noch die Nummer 7, seine Rückennummer der Nationalelf.

567. Das torreichste Spiel bei einer WM war der 7:5-Sieg von Österreich über die Schweiz 1954. Es war so heiß, dass Österreichs Torhüter Kurt Schmied einen Sonnenstich erlitt.

568. Der Brasilianer Mario Zagallo ist der einzige Fußballer, der fünf Mal an WM-Endspielen teilnahm: zweimal als Spieler und dreimal als Trainer.

569. Die älteste Stadionhymne Deutschlands ist der »Zebra Twist«. Er wird seit dem 11. Januar 1964 bei den Heimspielen des MSV Duisburg gespielt.

570. Montenegro ist das jüngste FIFA-Mitglied. 2007 trat es dem Verband bei.

571. 1 004 490 Balken wurden im größten Stadion der Welt verbaut, dem Estádio Mário Filho in Rio de Janeiro.

572. »Telstar« hieß der erste Ball, den Adidas 1970 offiziell für eine WM stellte.

573. Weil sich ihre Anhänger auf dem Spielfeld mit den Fans von Dynamo Moskau prügelten, bekamen die Glasgow Rangers am 24. Mai 1972 den Europapokal der Pokalsieger in der Umkleidekabine überreicht. Sie hatten die Partie 3:2 gewonnen.

574. Kein Torwart in der Bundesliga sah mehr Rote Karten als Jens Lehmann (fünf).

575. David Beckham ließ sich den Namen seiner Frau in Hindi auf den Arm tätowieren. Offensichtlich war der Tätowierer kein Hindi-Kenner, statt »Victoria« schrieb er übersetzt »Vihctoria«.

576. Che Guevara war Fan des argentinischen Klubs Rosario Central.

577. Ein jubelnder Busfahrer versetzte 1978 nach dem 3:2-Sieg von Österreich gegen Deutschland (»Schmach von Cordoba«) eine Nonne vom Orden der Barmherzigen Schwestern in einem Frankfurter Café derart in Rage, dass sie den Fahrer würgte und anschließend verhaftet wurde.

578. Der älteste italienische Fußballverein, der Genoa CFC, wurde von einer Gruppe Engländer gegründet. Erst vier Jahre später nahm die Mannschaft auch italienische Mitglieder auf.

579. Spieler dürfen laut FIFA »keine Unterwäsche mit Slogans oder Werbeaufschriften zur Schau tragen«.

580. Erst seit 1980 wird das »Anspucken von Offiziellen und anderen Personen« als »unsportliches Verhalten« gewertet.

581. In der schottischen Stadt Inveresk traten Ende des 17. Jahrhunderts verheiratete gegen unverheiratete Frauen zu Fußballspielen an – die Ehefrauen waren dabei meistens überlegen.

582. Auf Otto Rehhagels Klingelschild an seiner Schwabinger Wohnung stand »Rubens«.

583. Mindestens 75 Milliliter Urin muss ein Fußballer bei einer Dopingprobe nach einem Bundesligaspiel abgeben.

584. Bei einem Treffen sagte Silvio Berlusconi zu Papst Johannes Paul II.: »Wir exportieren beide eine siegreiche Idee in die Welt. Sie das Christentum, ich den AC Mailand.«

585. Sowohl Blur als auch Oasis wollten das offizielle Lied zur EM 1996 schreiben. Die Organisatoren drückten sich vor dieser Entscheidung und wählten das Komikerduo Baddiel und Skinner, ergänzt durch die geschmacksneutralen Lightning Seeds.

586. Der italienische Fußballspieler Francesco Totti hat zwei Bücher herausgebracht – mit lauter Witzen über sich selbst.

587. Diego Maradona führte 2005 eine Anti-Bush-Demonstration in Mar del Plata an. Er trug ein »Anti-Bush«-T-Shirt, auf dem das S in Bush als Hakenkreuz abgebildet war.

588. Der HSV spielte in der Saison 1976/77 in rosa Trikots.

589. Der frühere US-Außenminister Henry Kissinger ist Fan von Greuther Fürth.

590. Die beiden Grünen-Politikerinnen Margareta Wolf und Evelin Schönhut-Keil schrieben 2004 einen offenen Brief an den damaligen DFB-Präsidenten Gerhard Mayer-Vorfelder, in dem sie ihn aufforderten, sich für die Abschaffung der gelben Karte für das Trikotausziehen einzusetzen. Für den Brief entschlossen sie sich nach einer gelben Karte für Cristiano Ronaldo bei der EM 2004, der beim Torjubel seinen Oberkörper entblößt hatte.

591. Zur WM 2006 verkaufte Beate Uhse Vibratoren mit den Namen »Olli K.« und »Michael B.«. Kahn und Ballack klagten, Beate Uhse musste an jeden 50 000 Euro zahlen.

592. Der frühere Trainer der brasilianischen Nationalelf Mario Zagallo verklagte den brasilianischen Starstürmer Romario wegen einer Karikatur. Romario war wütend, weil er nicht zur WM 1998 nominiert worden war, und hatte eine Toilettentür seiner Bar in Rio de Janeiro bemalen lassen. Das Bild zeigte Zagallo mit heruntergelassenen Hosen auf einer Kloschüssel.

593. Von den »Helden von Bern«, die 1954 Weltmeister wurden, arbeitete nur einer später als Bundesligatrainer: Werner Liebrich betreute 1965 den 1. FC Kaiserslautern.

594. Der Starstürmer Carlos Tevez ist auch Sänger der argentinischen Cumbia-Band Piola Vago.

595. Der marokkanische Spieler Hicham Zerouali, Spitzname »Zero«, trug die vorher nie vergebene Rückennummer 0, als er zwischen 1999 und 2002 beim FC Aberdeen spielte.

596. Der türkische Premier Recep Tayyip Erdogan hatte, bevor er Politiker wurde, beim Amateurverein Erek Spor gespielt, einem Verein aus seiner Heimatstadt Kasimpaşa. Wegen seines Talents wurde er »Iman Beckenbauer« genannt.

597. Das Maskottchen von Borussia Mönchengladbach, das schwarz-weiße Pferd »Jünter«, ist nach Günter Netzer benannt.

598. Der Teammanager der deutschen Nationalmannschaft, Oliver Bierhoff, unterstützte 2010 die deutsche Atomlobby. Das hatte wohl auch familiäre Gründe: Sein Vater Rolf war mehrere Jahre Vorstandsmitglied des Energiekonzerns RWE.

599. Die italienische Nationalmannschaft spielt seit 1911 in Blau, der Familienfarbe der italienischen Königsdynastie des Hauses Savoyen, die damals in Italien an der Macht war.

600. Der englische Club Nottingham Forest führte im 19. Jahrhundert die Schienbeinschoner ein.

601. »World Cup Willie«, ein Löwenjunge im Union-Jack-Trikot, war das erste WM-Maskottchen – anlässlich des Turniers 1966 in England.

602. Der Schiedsrichter des WM-Finals von 1930, der Belgier John Langenus, schrieb über das Spiel einen Bericht für den deutschen »kicker«.

603. Durch den Transport per Schiff erschien der Artikel erst 27 Tage nach dem Finale.

604. Der durch sein Mobilfunkunternehmen Tele-Fonika reich gewordene polnische Millionär Boguslaw Cupial rettete Polens Traditionsclub Wisla Krakau 1996 vor dem finanziellen Ruin – verschliss dann aber in neun Jahren achtzehn Trainer.

605. Zu den Fans des ältesten polnischen Sportvereins Cracovia Kraków gehörte auch der spätere Papst Johannes Paul II. Heute ist das Vereinsstadion nach ihm benannt.

606. Papst Johannes Paul II. war Ehrenmitglied des FC Barcelona. Er hatte die Mitgliedsnummer 108 000.

607. Die Farben des ukrainischen Klubs Schachtar Donezk (auf Deutsch etwa »Bergarbeiter Donezk«) sind Schwarz und Orange – als Symbol für den örtlichen Kohlebau und die fehlende Sonne unter Tage.

608. Mit der Verpflichtung von 20 brasilianischen Spielern auf einen Schlag wollte der polnische Flohmarktmillionär Antoni Pták den Verein Pogon Szczecin um jeden Preis in die Champions League bringen. Als der Verein stattdessen gegen den Abstieg spielte, heuerte Pták noch einmal elf Südamerikaner an.

609. Der belgische Erstligatorwart Kristof van Hout gilt als der größte aktive Profifußballer der Welt. Er misst 2,08 Meter.

610. Die wenigsten Zuschauer bei einem EM-Spiel gab es beim Halbfinale UdSSR gegen Ungarn 1972: nur 2000 Fans.

611. Maurizio Gaudino wurde nach einem Auftritt in der »Late Night Show« von Thomas Gottschalk wegen Verdachts auf Bandenhehlerei und Autoschieberei verhaftet.

612. Der Stürmer Ricky Broadley vom walisischen Fünftligisten Mountain Rangers bekam in einem Pokalspiel drei Rote Karten. Die erste, weil er einem gegnerischen Spieler ins Gesicht trat. Die zweite, weil er den Schiedsrichter mit Wasser bespritzte. Die dritte, weil er den Schiedsrichter anschließend beschimpfte.

613. Das schnellste Tor in der EM-Geschichte schoss Dimitri Kritischenko 2004 nach 68 Sekunden für Russland gegen Griechenland.

614. Wer die Europa League gewinnt, kann sich den Pokal auf eigene Kosten nachmachen lassen, aber nur bis zu einer Größe von vier Fünfteln des Originals. Das Original darf behalten, wer den Titel insgesamt fünf Mal oder drei Mal in Folge gewinnt.

615. Der älteste EM-Torschütze war ein Österreicher: Ivica Vastic traf mit 39 Jahren gegen Polen (2008).

616. Der 19-malige Nationaltorwart Eike Immel bekam in der Bundesliga 829 Gegentore – so viele wie kein anderer.

617. Die kleinste Liga der Welt befindet sich auf den britischen Scilly Islands: Hier spielen 16 Spieltage lang die Garrison Gunners gegen die Woolpack Wanderers.

618. Togo trat in einem Freundschaftsspiel 2010 gegen Bahrain mit einem »falschen Team« an. Das echte Team wusste nichts von dem Spiel. Die Hochstapler-Elf verlor 0:3.

619. Carlitos von Hannover 96 erlebte ein hässliches Bundesligadebüt: Am 1. Spieltag 2010 gegen Eintracht Frankfurt stand er dreißig Sekunden auf dem Platz, hatte bei einem Pressschlag seinen ersten Ballkontakt und erlitt dabei einen Kreuzbandriss.

620. Der FC Bayern wäre Deutscher Meister 2010/11 geworden, wenn nur die ersten Halbzeiten gezählt hätten.

621. Jens Nowotny erlitt während seiner aktiven Karriere vier Kreuzbandrisse – genauso viele Tore erzielte er in seinen zehn Jahren bei Bayer Leverkusen.

622. Otto Addo erzielte im September 2003 in der 1. Runde des UEFA-Cups gegen Austria Wien mit gerissenem Kreuzband nach einem spektakulären Sololauf einen Treffer, der später zum Tor des Monats gewählt wurde.

623. In der Partie zwischen Argentinien und Ungarn bei der Weltmeisterschaft 1982 hatte Ungarn das Vergnügen, sowohl die erste als auch die zweite Halbzeit anzustoßen.

624. Beim »Nichtangriffspakt von Gijon« zwischen Deutschland und Österreich bei der WM 1982 wurde der letzte Torschuss in der 64. Minute abgegeben.

625. Joachim Löw ist der älteste von vier Brüdern.

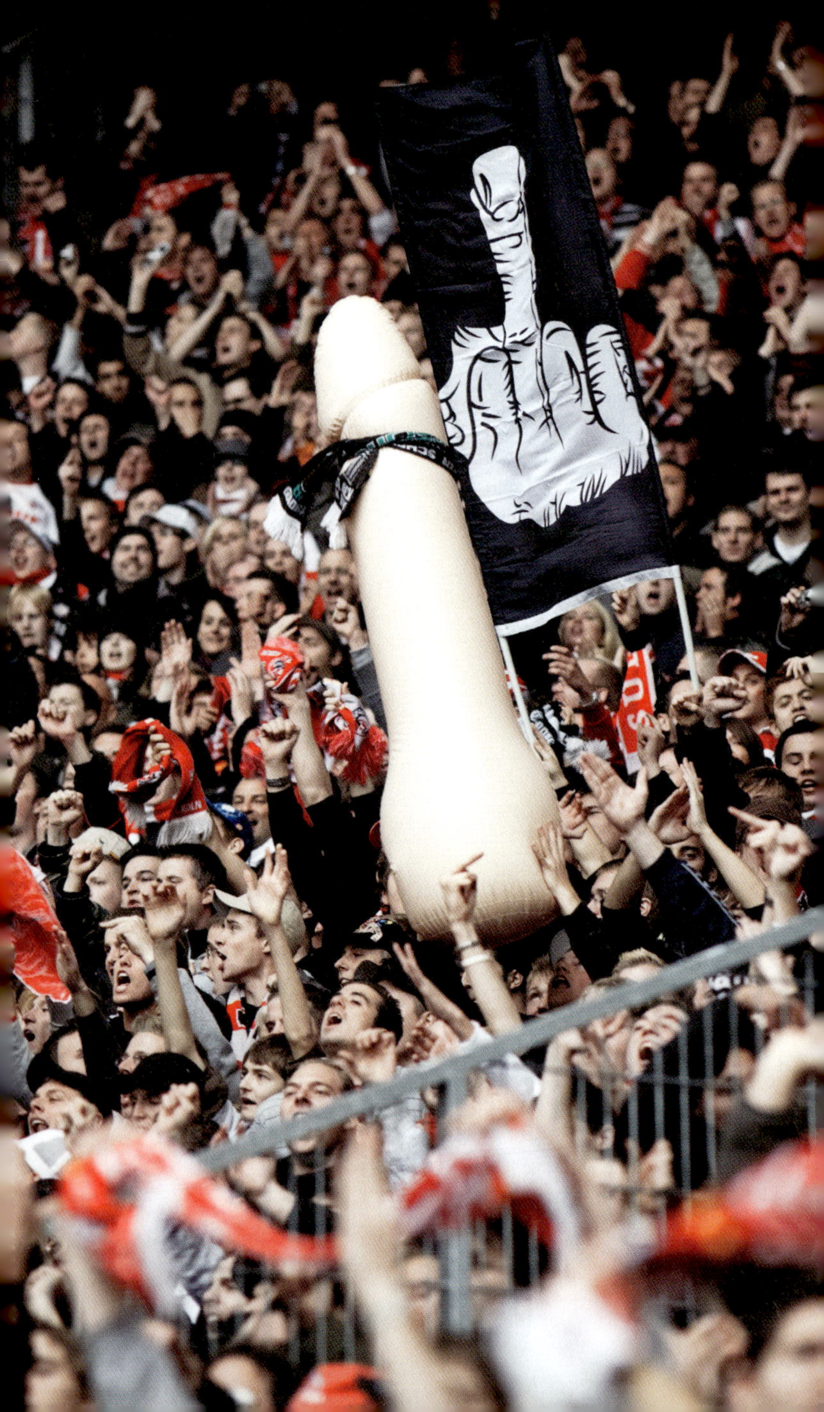

626. Im November 2007 erzielte Mario Gomez für Stuttgart gegen den FC Bayern München ein Tor mit dem Penis.

627. Miroslav Klose erzielte bei der WM 2010 mehr Tore (vier) als in der gesamten vorangegangenen Bundesligasaison (drei).

628. Nur zwei Spieler kassierten mehr als eine Rote Karte bei einer Weltmeisterschaft: der Franzose Zinédine Zidane und der Kameruner Rigobert Song (je zwei).

629. Bernd Nickel erzielte für Eintracht Frankfurt von jeder Ecke des Spielfeldes im Waldstadion aus ein direktes Eckballtor, und das im Uhrzeigersinn.

630. Torschützenkönig der ersten WM 1930 in Uruguay war Guillermo Stabile aus Argentinien mit acht Treffern.

631. Michael Zorc spielt in seiner Freizeit Golf.

632. Der AC Mailand verlor das Champions-League-Finale 1992/93 gegen Olympique Marseille 0:1. Bemerkenswert: Bis zum Finale hatten die Mailänder alle zehn Spiele gewonnen und dabei nur ein Gegentor kassiert.

633. Nur vier Spieler gewannen die Champions League (oder den Vorgängerwettbewerb, den Europapokal der Landesmeister) mit zwei verschiedenen Vereinen in zwei aufeinanderfolgenden Spielzeiten: Marcel Desailly (1993 Marseille, 1994 AC Mailand), Paulo Sousa (1996 Turin, 1997 Dortmund), Gerard Piqué (2008 Manchester United, 2009 Barcelona) und Samuel Eto'o (Barcelona 2009, Inter Mailand 2010).

634. Raúl scheiterte sechsmal in Folge mit dem Rekordsieger Real Madrid im Achtelfinale der Champions League – nach seinem Wechsel zu Schalke schaffte er es auf Anhieb ins Halbfinale.

635. Raúl gewann in 16 Jahren bei Real Madrid nie den nationalen Pokal.

636. Mit dem FC Schalke wurde Raúl gleich in seiner ersten Saison Pokalsieger (2010/11).

637. 1937/38 spielten im Viertelfinale des Tschammer-Pokals – des Vorgängers des DFB-Pokals – drei Klubs aus Wien: Rapid Wien, der Wiener Sport-Club und Vienna Wien. Dazu kam mit dem Grazer SC ein weiterer österreichischer Klub.

638. Sieger wurde Rapid Wien.

639. Der 1. FC Nürnberg stieg 1969 als amtierender Deutscher Meister aus der Bundesliga ab, 39 Jahre später als Pokalsieger.

640. Der FC Bayern München verlor nur eines seiner 17 DFB-Pokal-Endspiele – 1985 mit 1:2 gegen Bayer Uerdingen (das 5:6 nach Elfmeterschießen gegen Werder Bremen 1999 zählt offiziell als Unentschieden).

641. Im Pokalfinale 1982 prallte Dieter Hoeneß (Bayern München) in der 13. Minute mit einem Gegenspieler zusammen und erlitt dabei eine Platzwunde am Kopf, die geklammert werden musste. Hoeneß spielte mit einem Turban weiter und erzielte in der 89. Minute das 4:2 gegen den 1. FC Nürnberg – mit dem Kopf.

642. Der FC Bayern gewann von 2004 bis 2011 alle seine Auftaktpartien in der Champions League ohne einen Gegentreffer.

643. Der SSV Ulm 1846 ist der niederklassigste Verein (5. Liga), der im DFB-Pokal gegen einen Bundesligisten gewann. Nach dem Zwangsabstieg aus der 2. Liga in die Verbandsliga Württemberg im Jahr 2001 schlugen die Ulmer den 1. FC Nürnberg mit 2:1.

644. In einem Spiel in Brasilien gab es das Endergebnis von 0,5:0. Ein Spieler führte einen Elfmeter aus, die Naht des damals noch handgenähten Balls platzte auf, und die Blase aus dem Ball ging ins Tor, die Lederhülle daneben. Der Schiedsrichter entschied auf ein halbes Tor.

645. Michael Skibbe spielt in seiner Freizeit Golf.

646. Ein Spieler des VfvB Ruhrort/Laar erhielt 2008 wegen »grob unsportlichen Verhaltens« eine Sperre von zehn Wochen, nachdem er auf einem Mannschaftsfoto die Hose zur Seite geschoben und seinen Penis entblößt hatte.

647. Søren Lerby wurde 1985 beim 1:1 des FC Bayern München beim VfL Bochum in der Halbzeitpause eingewechselt. Das Kuriose daran: Am selben Tag hatte Lerby schon für die dänische Nationalmannschaft ein WM-Qualifikationsspiel in Irland bestritten. Dort war er in der 58. Minute ausgewechselt und anschließend im Privatjet nach Bochum gebracht worden.

648. Die schnellsten Bundesligatore schossen Giovane Elber (1998) und Ulf Kirsten (2003) nach jeweils elf Sekunden.

649. Lothar Matthäus, damals Inter Mailand, war 1991 der erste offizielle Weltfußballer des Jahres. Er ist bis heute der einzige deutsche Weltfußballer.

650. Der Argentinier Martin Palermo verschoss bei der Copa America 1999 gegen Kolumbien in der regulären Spielzeit drei Elfmeter.

651. Der 1. FFC Frankfurt gewann den DFB-Pokal der Frauen von 1999 bis 2003 fünfmal in Folge. Eine solche Serie schaffte bei den Frauen (und auch bei den Männern) kein anderes Team.

652. Italiens Dino Zoff blieb zwischen September 1972 und Juni 1974 in 1143 Länderspielminuten ohne Gegentor. Diesen bis heute gültigen Rekord beendete bei der WM 1974 der Haitianer Sanon: Am 15. Juni brachte er das erste karibische Land bei einer Fußball-WM sensationell mit 1:0 in Führung (Endstand: 3:1 für Italien).

653. Marcel Witeczek ist der einzige deutsche Spieler, der bei einer U17-WM Torschützenkönig wurde (1985 in China, acht Treffer).

654. Witeczek ist auch der einzige Deutsche, der bei einer U20-WM Torschützenkönig wurde (1987 in Chile, sieben Treffer).

655. Helmut Winklhofer (FC Bayern München) gewann im August 1985 als erster und bis heute einziger Spieler die Wahl zum »Tor des Monats« mit einem Eigentor. Durch dieses Tor hatte Bayern bei Bayer Uerdingen 0:1 verloren.

656. Die Stuttgarter Kickers haben als einziger Klub der Bundesligageschichte keine negative Bilanz gegen den FC Bayern (zwei Siege, zwei Niederlagen).

657. Andreas Köpke spielt in seiner Freizeit Golf.

658. Falcao ist der Rekordtorschütze der Europa League. In der Saison 2010/11 schoss er für den FC Porto, der den Wettbewerb auch gewann, 17 Treffer und überholte damit Jürgen Klinsmann, der in der Saison 1995/96 für den FC Bayern 15 Tore erzielt hatte.

659. Zu den zweifelhaftesten deutschen Stadionnamen gehören das »Montanhydraulikstadion« (SpVgg Holzwickede), der »Sportpark Hinterm Esel« (SV Speyer) und das »Floschenstadion« (VfL Sindelfingen).

660. Thorsten Legat, seinerzeit Spieler bei Eintracht Frankfurt, erklärte eine schlechte Leistung in der Saison 1994/1995 mit dem plötzlichen Tod seines Vaters. Als der Trauerstrauß vom Verein bei Legats Elternhaus ankam, nahm ihn der überraschte Vater persönlich in Empfang.

661. Wayne Rooney wird seit seiner Kindheit von seinen Freunden (und später auch von Fans) »Wazza« genannt, frei übersetzt »Pisser«.

662. Der erste Verein, der alle drei europäischen Wettbewerbe (UEFA-Cup 1977, Pokal der Pokalsieger 1984, Pokal der Landesmeister 1985) gewann, war Juventus Turin. Bei allen drei Erfolgen war Giovanni Trapattoni der Trainer.

663. Nur Manchester United, Real Madrid und der FC Barcelona haben mehr Champions-League-Spiele bestritten als der FC Bayern (seit Einführung der Champions League 1992).

664. Maccabi Haifa ist das einzige Team seit der Einführung der Champions League, das nach den sechs Gruppenspielen ohne Tor und Punkt ausschied (Saison 2009/10).

665. Manchester United ist das einzige Team in der Champions-League-Historie, das innerhalb einer Saison in sechs Auswärtsspielen ohne Gegentor geblieben ist.

666. Die walisische Fußball-Legende Ryan Giggs hat als einziger Spieler überhaupt in jeder der bisher 20 Premier-League-Spielzeiten mindestens eine Torbeteiligung vorzuweisen.

667. Im Fundament des Emirates-Stadions, der Heimat des FC Arsenal London, sind eine Ausgabe von Nick Hornbys Bestseller »Fever Pitch« sowie ein Trikot von Thierry Henry eingegraben.

668. Henry hatte am 7. Mai 2006 das letzte Tor im alten Highbury-Stadion erzielt – per Elfmeter zum 4:2 gegen Wigan.

669. Arsenal feierte seinen ersten Sieg im Emirates-Stadion am 23. September 2006 beim 3:0 gegen Sheffield United. Alle drei Torschützen (Gallas, Henry und, per Eigentor, Jagielka) wurden an einem 17. August geboren.

670. Der Schotte Graham Alexander bestritt im August 2009 im Alter von 37 Jahren und 309 Tagen sein erstes Premier-League-Spiel und ist damit der älteste Debütant im englischen Oberhaus.

671. Als Arsenals Theo Walcott 2006 in den WM-Kader der Engländer berufen wurde, hatte er noch kein einziges Erstligaspiel vorzuweisen – ein Novum in der Historie der Three Lions.

672. Hoffenheims Trainer Holger Stanislawski trinkt drei Kannen Kaffee pro Tag.

673. In seiner Meistersaison 2009/10 schoss der FC Chelsea London 103 Tore. Chelsea ist damit das einzige Team, das in der Premier League in einer Saison die 100-Tore-Marke geknackt hat.

674. Martin Kind, Präsident von Hannover 96 und Hörgerätehersteller, besitzt einen Generalschlüssel, mit dem er jedes seiner Geschäfte weltweit aufschließen kann.

675. Mailand ist die einzige Stadt, die die Champions League mit zwei verschiedenen Vereinen (AC Milan, Inter) gewann.

676. Der schnellste Hattrick der Bundesliga gelang dem Duisburger Stürmer Michael Tönnies 1991 beim 6:2 gegen Karlsruhe: Tönnies erzielte drei Tore binnen fünf Minuten.

677. Torwart der Karlsruher war damals Oliver Kahn.

678. Die Schweiz schied bei der WM 2006 im Achtelfinale aus, ohne im gesamten Turnier ein Gegentor kassiert zu haben. Das hatte es in der Geschichte der WM noch nie gegeben.

679. Die Schweiz ist überhaupt das einzige Team, das bei einer Weltmeisterschaft ohne Gegentor geblieben ist.

680. Die Schweiz ist auch das einzige Team, das bei einer WM in einem Elfmeterschießen ohne eigenen Treffer blieb (WM 2006, Achtelfinale, 0:3 im Elfmeterschießen gegen die Ukraine).

681. Zwischen 1909 und 1941 gab es achtmal zwei Spiele der deutschen Nationalmannschaft an einem Tag. Es spielten jedoch nicht dieselben Teams, sondern immer zwei verschiedene Teams an zwei verschiedenen Orten.

682. Hans-Jörg Butt erzielte in der Champions League drei Elfmetertore für drei verschiedene Vereine (Bayern, Hamburg, Leverkusen).

683. Alle drei Elfmeter verwandelte Butt gegen Juventus Turin.

684. Venezia verlor in der Saison 1949/50 ganze 27 seiner 38 Saisonspiele, so viele wie sonst keine Mannschaft in der Geschichte der italienischen Serie A.

685. Für ein Bundesligaspiel erhält ein Schiedsrichter eine Aufwandsentschädigung von 3800 Euro.

686. Der MSV Duisburg war am 22. Spieltag 1993/94 als einziges Team der Bundesligageschichte mit einer negativen Tordifferenz (–1) Tabellenführer.

687. René Rydlewicz ist der einzige Spieler der Bundesliga, der bereits nach fünf Spieltagen fünf Gelbe Karten gesehen hatte und damit am 6. Spieltag gesperrt war (für Rostock 2001/02).

688. Mesut Özils Spitzname in Spanien lautet Nemo – nach dem Disneyfilm.

689. Kein Spieler wurde in der Geschichte der Bundesliga so häufig eingewechselt wie Mehmet Scholl (123 Mal).

690. Gerald Asamoah wurde 130 Mal ausgewechselt, so oft wie kein anderer Spieler.

691. Cristiano Ronaldo gab in der Saison 2010/11 in der spanischen Primera Division sagenhafte 250 Schüsse ab, 102 davon auf das Tor. Dabei erzielte er 40 Treffer.

692. Nur Real Madrid erzielte in zwei aufeinanderfolgenden Spielzeiten 100 Tore in einer Saison. Meister wurden die Königlichen damit aber weder 2009/10 noch 2010/11, sondern jeweils der FC Barcelona.

693. Olympique Lyon gewann zwischen 2002 und 2008 siebenmal in Folge die französische Meisterschaft. Eine solche Serie hatte es zuvor noch nie in Frankreich gegeben.

DUMME SACHEN
> 694. – 703.

Manche denken wirklich so wenig nach, dass es wehtut. Besonders ihnen.

1991 erlitt Stefan Kuntz (lautern) einen dreifachen Bänderriss, als er beim Aussteigen aus dem Mannschaftsbus umknickte.

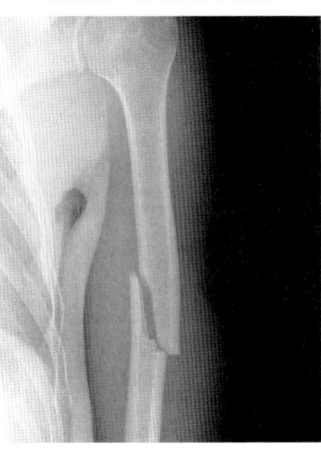

Logan Bailly, früherer Torwart von Borussia Mönchengladbach, brach sich den Mittelfuß, als ihm zu Hause seine mobile Klimaanlage aus den Händen rutschte.

CHARLES AKONNOR, FRÜHERER MITTELFELDSPIELER DES VFL WOLFSBURG, WURDE FÜR DREI SPIELE GESPERRT, NACHDEM ER SICH VERSEHENTLICH SEINE AUTOANTENNE IN DIE NASE GEBOHRT HATTE: DAS BLUTSTILLENDE MITTEL, DAS ER DARAUFHIN NEHMEN MUSSTE, STAND AUF DER DOPINGLISTE.

Mario Gomez, seinerzeit noch beim VfB Stuttgart, zog sich bei einem Pressschlag im Spiel gegen Wolfsburg einen Innenbandriss zu. Darüber war er so aufgebracht, dass er gegen einen Medizinkoffer aus Metall schlug. Dabei brach er sich die Hand. Zwei Monate Pause.

Der kroatische Mittelfeldspieler **Milan Rapaic** verpasste einmal den Saisonstart seines Clubs Hajduk Split, weil er sich am Flughafen den Boarding-Pass ins Auge gestoßen hatte.

Der Brasilianer Ramalho war drei Tage ans Bett gefesselt, nachdem er Zäpfchen geschluckt hatte, die er irrtümlicherweise für eine Arznei gegen Zahnschmerzen gehalten hatte.

Der englische Nationaltorwart **David Seaman** verletzte sich 1996 am Knie, als er auf dem Sofa sitzend seine Fernbedienung vom Boden aufheben wollte. Er fiel eine halbe Saison aus.

Adam Nemec vom 1. FC Kaiserslautern brach sich zwei Brustwirbel und das Schlüsselbein, als er vom Kirschbaum in seinem Garten fiel. Drei Monate Pause.

Patrick Ebert, Hertha BSC Berlin, übersah im Mai 2011 nach dem Jubel auf dem Zaun der Fankurve eine Bierflasche, die auf dem Boden lag. Er rutschte aus und zog sich einen Außenbandanriss im Sprunggelenk zu.

AUCH BEWEGUNGSMANGEL KANN ZU VERLETZUNGEN FÜHREN: **ROBBIE KEANE,** SEINERZEIT BEI DEN WOLVERHAMPTON WANDERERS, ERLITT 1998 EINEN BÄNDERRISS IM KNIE BEI DEM VERSUCH, VOM SOFA AUS DIE FERNBEDIENUNG DES FERNSEHERS MIT DEM FUSS ZU BEDIENEN.

704. Das Spiel Fenerbahce Istanbul gegen Manisaspor 2011 fand vor 41 000 Zuschauern statt. Das Besondere: Aufgrund von Ausschreitungen bei vorherigen Spielen hatte der türkische Verband das Spiel als Geisterspiel angesetzt. Nur Frauen und Kinder wurden ins Stadion gelassen.

705. Nach dem WM-Sieg 1954 echauffierte sich der damalige DFB-Präsident Dr. Peco Bauwens in einer Rede im Münchner Löwenbräukeller: »Wenn aber andere auf dem Spielfeld herumturnen mit ihren Fahnen, dann geht es nicht an, dass es unseren Leuten verboten wird, unsere stolze deutsche Fahne zu führen. Das lassen wir uns nicht gefallen. Unsere Mannschaft hat ihnen die Quittung gegeben.« Als der DFB-Präsident dann noch das »Führerprinzip« als Schlüssel für den Erfolg der Mannschaft postulierte, unterbrach der Bayerische Rundfunk die Übertragung und spielte stattdessen Tanzmusik.

706. 2002/03 stellte Bayer Leverkusen mit neun Niederlagen in einer Champions-League-Saison (mit zwei Gruppenphasen) einen Rekord auf, der erst dann gebrochen werden kann, wenn sich das Reglement ändert. Nach dem aktuellen Modus sind maximal acht Pleiten möglich.

707. PSV Eindhoven ist die Mannschaft, die den Landesmeisterwettbewerb mit den wenigsten Siegen gewann. 1987/88 gewannen die Niederländer nur drei von neun Spielen, ab dem Viertelfinale sogar kein einziges mehr. Im Viertel- und Halbfinale kamen sie jeweils mit zwei Remis über die Auswärtstor-Regelung weiter, das Endspiel gewann Eindhoven nach Elfmeterschießen.

708. André Villas-Boas wurde am 18. Mai 2011 – durch den Sieg in der Europa League mit dem FC Porto – mit 33 Jahren und 213 Tagen zum jüngsten Trainer, der jemals einen UEFA-Wettbewerb gewann.

709. Bayer Leverkusen ist nur einer von sieben Klubs weltweit, der einen internationalen Titel errang (UEFA-Cup-Sieger 1988), ohne jemals nationaler Meister gewesen zu sein.

710. Spartak Moskau schaffte es in der Saison 2010/11, bei Olympique Marseille zu gewinnen, ohne einen einzigen Torschuss abgegeben zu haben. Das 1:0 für Moskau fiel per Eigentor.

711. Vier Mannschaften erreichten in der Champions-League-Gruppenphase die Höchstpunktzahl von achtzehn Zählern. Doch keines dieser vier Teams holte am Ende den Titel.

712. Bisher viermal erzielte ein Spieler in der Premier League fünf Treffer (Jermain Defoe, Alan Shearer, Andy Cole und Dimitar Berbatov). Mehr Tore in einem Spiel gelangen keinem Spieler.

713. Emanuel Villa spielte sechzehn Mal in der Premier League und gewann dabei kein einziges Spiel. Kein Spieler in der Premier League hat jemals mehr Spiele ohne Sieg gemacht.

714. Der Torhüter David James hat die meisten Spiele in der Premier League verloren (197 von 572).

715. Es kassierte außerdem niemand mehr Gegentore als David James (665).

716. Die meisten Endspiele der Champions League wurden an Deutschland vergeben, nämlich bisher vier: 1993, 1997 und 2012 München, 2004 Gelsenkirchen.

717. In den ersten 15 Minuten eines Fußballspiels werden im Durchschnitt weniger Gelbe Karten ausgesprochen als im Rest des Spiels. Schiedsrichter benötigen ein paar Minuten, um sich einzugewöhnen und ein Strafmaß festzulegen.

718. Die erste Liveübertragung eines WM-Spiels in Nordkorea zeigte das Spiel von Nordkorea gegen Portugal bei der WM 2010. Nach dem 0:4 schwieg der Reporter eine halbe Stunde lang, das Spiel endete 0:7. Nach dem Abpfiff ergriff der Reporter wieder das Wort: »Die Portugiesen haben gewonnen und haben jetzt vier Punkte. Wir beenden die Liveübertragung.« Darauf folgten Bilder von Fabrikarbeitern, die Kim Jong-il lobten.

719. Die Mannschaft von Borussia Mönchengladbach forderte ihren charakterlich schwierigen Spieler Wolfram Wuttke 1982 auf, den Verein zu verlassen. Wuttke willigte ein – aber nur unter der Bedingung, dass er eine Rolex geschenkt bekäme. Um Geld zu sparen, motzte der Mannschaftsbetreuer heimlich eine billigere Uhr auf, und Wuttke wechselte nach Schalke.

720. Der Mittelfeldspieler Jone Samuelsen traf für seinen norwegischen Verein Odd Grenland aus 57 Metern – per Kopfball. Das Tor von Tromsø stand leer, weil deren Torwart sich in der Schlussphase mit in den Angriff gestellt hatte.

721. Bevor Borussia Dortmund ins Stadion »Kampfbahn Rote Erde« umzog, hatte der BVB auf der »Weißen Wiese« gespielt.

722. Eine La-Ola-Welle breitet sich im Stadion meistens im Uhrzeigersinn aus und hat eine Durchschnittsgeschwindigkeit von zwanzig Sitzen pro Sekunde.

723. Schiedsrichter haben offenbar einen Beschützerinstinkt. Nach einem Foul bekommt statistisch gesehen meistens der kleinere Spieler den Freistoß und der größere Spieler den Ärger.

724. Die weltweit erste Fernsehübertragung eines Fußballspiels gab es im Jahr 1937. Es war ein Trainingsspiel von Arsenal London gegen die eigene Reservemannschaft.

725. Der rumänische Verein Jiul Petrosani verkaufte seinen Spieler Ion Radu für zwei Tonnen Schweinefleisch an den Zweitligisten Valcea.

726. Derselbe Verein verkaufte den Verteidiger Liviu Baicea für 10 Fußbälle an UT Arad.

727. In der Bezirksliga-Partie zwischen Dostlukspor Bottrop und dem BW Wesel 2007 ließ der Schiedsrichter 28 Minuten nachspielen. Schon die erste Halbzeit hatte 52 Minuten gedauert.

728. Der beste Gegenspieler, den Diego Maradona nach eigenen Angaben je hatte: Lothar Matthäus.

729. Cem Yazirlioglu ist der kleinste von über 80 000 Schiedsrichtern in Deutschland. Der 23-Jährige ist 1,38 Meter groß. Er hat Hypochondroplasie, die häufigste Form des Kleinwuchses.

730. Die Mannschaft von Bayer Leverkusen wird in spanischen Medien gerne als »Las Aspirinas« bezeichnet.

731. Von 1976 bis 1981 absolvierte der FC Nantes 92 Heimspiele ohne Niederlage – französischer Rekord.

732. Weil viele Spieler verletzt waren, musste Arminia Bielefeld 1986 mit nur zehn Spielern zum Zweitligaspiel gegen Saarbrücken antreten. In der 10. Minute verletzte sich ein weiterer Bielefelder. Saarbrücken gewann 3:1.

733. Tim Wiese ist begeisterter Modellflieger.

734. Nach der 0:12-Niederlage gegen Borussia Mönchengladbach am letzten Spieltag der Saison 1977/78 mussten die Spieler von Borussia Dortmund jeweils 2000 Mark Geldstrafe für ihr Totalversagen zahlen. Nach einem 2:2 in der nächsten Saison bekamen sie das Geld aber wieder zurück.

735. Am Tag des WM-Finals 2002 (Deutschland–Brasilien) trafen sich der Letzte und der Vorletzte der FIFA-Weltrangliste zu einem Freundschaftsspiel. »The Other Final« zwischen Montserrat (Platz 203) und Bhutan (202) endete 4:0 für Bhutan.

736. Das erste deutsche WM-Tor erzielte Stanislaus Kobierski 1934 beim 5:2 gegen Belgien.

737. Als kurz vor dem Champions-League-Halbfinale 1998 zwischen Real Madrid und Borussia Dortmund ein Tor umfiel und zunächst kein neues Tor aufgestellt werden konnte, mussten die Reporter Marcel Reif und Günther Jauch 76 Minuten mit Reden überbrücken. Weil tatsächlich gar nichts passierte, berichtete Reif unter anderem davon, wie er am Morgen ein Billy-Regal aufgebaut hatte, das dann aber nicht in seinen Keller passte. Diese Nicht-Übertragung hatte zwölf Millionen Zuschauer.

738. Weil Flächen gern danach bemessen werden, wie oft das Saarland oder ein Fußballfeld hineinpasst: Das Saarland ist etwa so groß wie 360 000 Fußballfelder.

739. Damit die FIFA-Mitglieder für die WM 2006 in Deutschland stimmen, bot das Satiremagazin Titanic ihnen als Bestechung »einen Korb mit Spezialitäten aus dem Schwarzwald inklusive einiger wirklich sehr guter Würste, Schinken und – halten Sie sich fest – einer herrlichen Kuckucksuhr! Und einen Bierkrug!«.

740. Mark van Bommel hat 2010 von der »Vrije Universiteit Amsterdam« einen Sprachenpreis bekommen. Beurteilt wurden unter anderem Rhetorik und Argumentation.

741. Kidnapping ist ein häufiges Verbrechen in Brasilien. Es wurden bereits die Mütter von Grafite, Luis Fabiano und Robinho entführt.

742. Guy Roux war in 894 Spielen Trainer in der französischen Ligue 1, kein anderer Trainer kommt auf mehr Einsätze. 890 absolvierte er als Trainer von Auxerre, vier als Trainer von Lens.

743. Nur drei Teams ist es in der Geschichte der Bundesliga (seit 1963) gelungen, das Double aus Pokal und Meisterschaft zu holen: je einmal dem 1. FC Köln (1978) und Werder Bremen (2004), dem FC Bayern München achtmal.

744. Laut seinem damaligen Mannschaftskollegen Ludovic Magnin trug Bremens früherer Stürmerstar Ailton stets Tiger- oder Leopardenslips.

745. Philipp Wollscheid, ab der Saison 2012/13 Verteidiger in Leverkusen, fiel durch die Aufnahmeprüfung zum Sportstudium, weil er zu schlecht im Turnen war.

746. Als der Nationalspieler André Schürrle noch nicht bei Leverkusen, sondern bei Mainz 05 spielte, jubelte er nach Toren mit einem Luftgitarren-Solo.

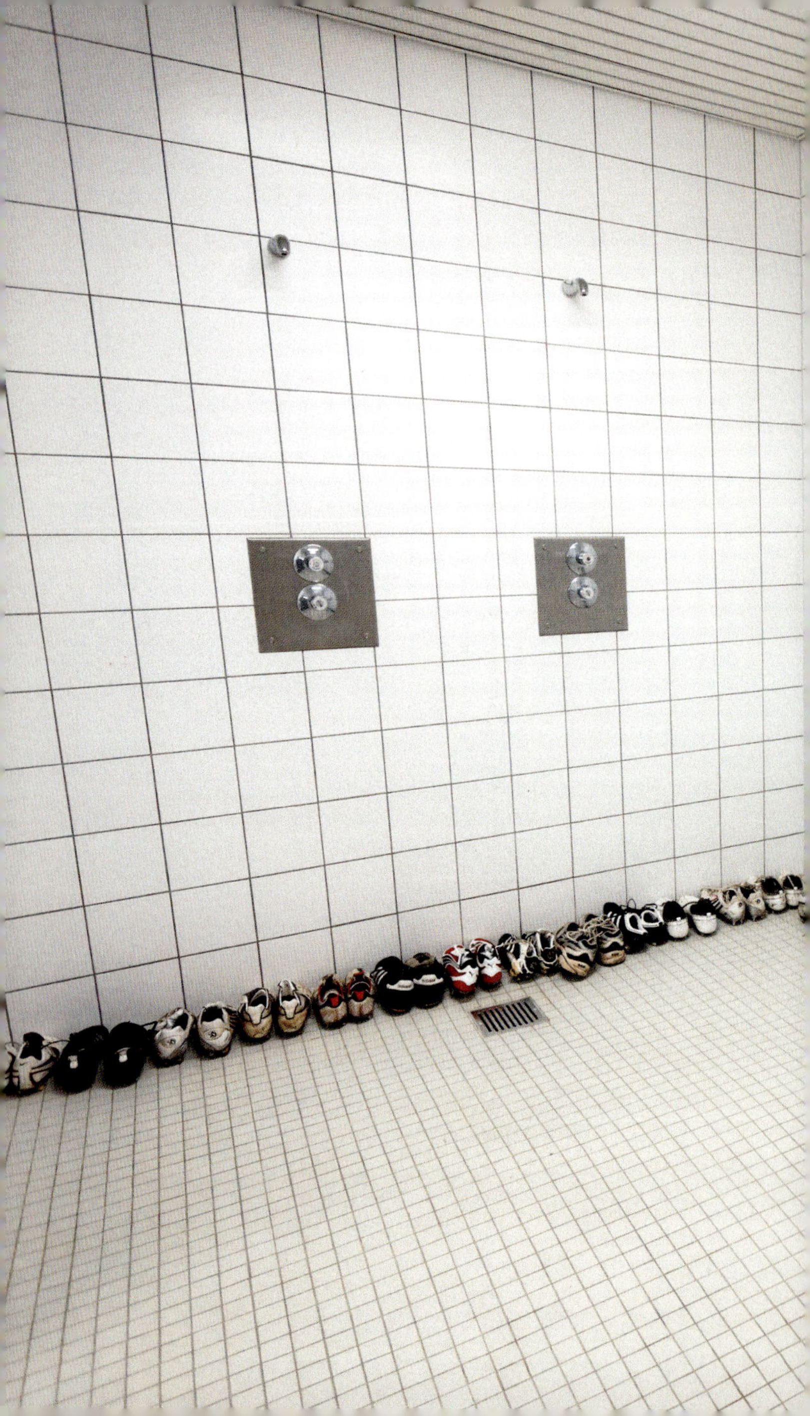

747. Oliver Kahn wurde mit 18 beim Karlsruher SC unter der Dusche von einem älteren Mitspieler angepinkelt.

748. Die Pfeife, die der Schiedsrichter Gottfried Dienst beim Finale der Weltmeisterschaft 1966 benutzte, war vergoldet. Mit ihr pfiff Dienst also auch nach dem berühmten »Wembleytor« zum Anstoß.

749. Der Spieler mit den meisten Bundesligasiegen ist Oliver Kahn (310).

750. Statt mit dem Flugzeug nach München zu reisen, mussten die Spieler von Hannover 96 im April 2010 aufgrund der Aschewolke mit dem Zug fahren. Nachdem einige Spieler nicht einmal hatten sitzen können, verlor 96 beim FC Bayern 0:7.

751. Jan Rosenthal ist der einzige Feldspieler in der Bundesliga, der einen Elfmeter hielt: Am 16. Spieltag der Saison 2008/09 parierte der damalige Hannoveraner einen Strafstoß des Wolfsburgers Edin Dzeko, nachdem der Torwart Florian Fromlowitz Rot gesehen hatte und das Auswechselkontingent erschöpft war. Wolfsburg gewann dennoch 2:1.

752. Am 31. Spieltag der Saison 1996/97 nahm der damalige Bayern-Trainer Giovanni Trapattoni beim Spiel gegen Freiburg in der 80. Minute Jürgen Klinsmann vom Feld. Der war darüber so erbost, dass er ein Loch in eine Tonne am Spielfeldrand trat.

753. Fast unbeachtet machte derweil der für Klinsmann eingewechselte Carsten Lakies sein erstes Bundesligaspiel für Bayern – und sein letztes.

754. Bis ins 19. Jahrhundert hinein war die Größe der Fußballmannschaften in England nicht festgelegt. Die Spiele glichen häufig Massenraufereien, wie zum Beispiel in Ruislip, wo im März 1576 etwa hundert Handwerker zum Fußballspielen zusammenkamen. Bilanz: mehrere Tote und Schwerverletzte.

755. Der FC Bayern München kassierte in der Saison 2007/08 nur 21 Gegentore und hält damit den Rekord für die wenigsten Gegentore innerhalb einer Saison.

756. Der beste Joker der Bundesligageschichte ist der Stürmer Alexander Zickler, der achtzehn Mal nach Einwechslungen traf (er wurde 102 Mal eingewechselt).

757. Gerhard Poschner ist der schlechteste Joker: 60 Einwechslungen, kein Tor.

758. Oliver Kahn wurde 2007 während der Champions League zu einer zweiten Dopingprobe aufgefordert, weil die erste ungültig war. Daraufhin schleuderte der damalige Bayern-Kapitän seinen gefüllten Urinbecher vor Wut in eine Toilette.

759. Deutschland ist das einzige Land, das im selben Jahr Weltmeister wurde, in dem einer seiner Vereine den Europapokal der Landesmeister (später: Champions League) gewann. 1974 wurde Deutschland Weltmeister, Bayern München Europapokalsieger.

760. Acht Spieler spielten sowohl im Nationalteam der DDR als auch in dem der BRD: Ulf Kirsten, Matthias Sammer, Andreas Thom, Thomas Doll, Dariusz Wosz, Olaf Marschall, Heiko Scholz und Dirk Schuster.

761. Gerd Müller und Thomas Müller haben nicht nur den Nachnamen gemeinsam: Genauso wie Gerd Müller bei den Weltmeisterschaften 1970 und 1974 trug Thomas Müller bei der WM 2010 die 13 auf dem Trikot.

762. Den ersten direkt verwandelten Eckstoß der offiziellen Fußballgeschichte schoss der Argentinier Cesareo Onzari 1924 in einem Freundschaftsspiel gegen Uruguay zum 1:0-Endstand.

763. Auf den Färöer-Inseln darf bei Elfmetern ein dritter Spieler den Ball festhalten. Weil es auf den Inseln oft so heftig weht, ist der Fußballverband der Färöer der einzige weltweit, dem die FIFA diese Ausnahmeregel genehmigt hat.

764. Jerome Boateng ist der einzige Spieler, der bei seinem Debüt in der deutschen Nationalmannschaft vom Platz flog.

765. Mario Götze ist mit 18 Jahren, 5 Monaten und 14 Tagen der jüngste Debütant in der deutschen Nationalmannschaft seit Uwe Seeler, der bei seinem Debüt 1954 erst 17 Jahre alt war.

766. Der ehemalige Nationalspieler Marco Bode wurde 1995 bei einem Besuch bei Nelson Mandela mit den Worten empfangen: »Sie sehen ja aus wie Steffi Graf!«

767. Für ihre letzte Ruhe können sich Fans des HSV einen Sarg mit dem Vereinswappen für 2350 Euro kaufen.

768. Für EM-Besucher in der Ukraine 2012 bestellte die Stadt Charkow zehn Holzbänke für 5500 Euro – je Stück. Die Stadt Donezk orderte zehn mobile Toiletten im Wert von 350 000 Euro.

769. Die mittlere Amtszeit eines Bundesligatrainers lag von 1998 bis 2009 bei 1,2 Jahren.

770. Im selben Zeitraum galt: Je mehr Länderspiele ein Trainer als Fußballer gemacht hatte, desto schneller wurde er entlassen.

771. Fünfzehn Spieler haben es geschafft, fünf Tore in einem Bundesligaspiel zu erzielen.

772. Borussia Dortmund schlug Arminia Bielefeld im November 1982 mit 11:1. Halbzeitstand: 1:1.

773. Die erste Liveübertragung eines Bundesligaspiels lief am 11. Dezember 1984 in der ARD. Mönchengladbach schlug Bayern München 3:2.

774. Manchester United verlor zwischen 1956 und 1996 kein Heimspiel in einem europäischen Wettbewerb. Insgesamt blieb Manchester in diesem Zeitraum in 56 Heimspielen ohne Niederlage. Eine längere Heimserie dieser Art gab es noch nie.

775. Ajax Amsterdam besiegte 1984 im Rückspiel der ersten Runde des UEFA-Cups den FC Differdange 03 aus Luxemburg 14:0. Das ist bis heute der höchste Sieg ohne Gegentor in einem europäischen Wettbewerb.

776. Der MSV Duisburg verlor zwischen 1990 und 1996 keines der 58 Heimspiele in der Zweiten Bundesliga.

777. Nottingham Forest ist die einzige Mannschaft, die häufiger den Pokal der Landesmeister (zweimal) als die nationale Meisterschaft gewann (einmal).

778. Sepp Maier spielt in seiner Freizeit Golf.

779. Arsenal London ist das einzige Team der Premier League, das eine Saison ohne Niederlage beendete (2003/04).

780. Swindon Town kassierte die meisten Tore in einer Premier-League-Saison. In der Saison 1993/94 gab es für Swindon in 42 Spielen genau 100 Gegentore.

781. Chelsea London kassierte in der gesamten Saison 2004/05 nur 15 Gegentore und hält damit den Rekord für die wenigsten Gegentore in einer Premier-League-Saison.

782. Ein Plakat bei der Beerdigung von George Best in Belfast 2005: »Maradona: GOOD. Pelé: BETTER. George: BEST«.

783. Im Jahr 2005 wurden in den 22 brasilianischen Klubs, die um die Meisterschaft in Brasilien spielten, 42 Trainer entlassen.

784. Eine Saison später wurde Lothar Matthäus bei Atlético Paranaense Trainer. Er verlor seinen Job aber nach einem Monat.

785. Die meisten Tore fallen in Bundesligaspielen, die an einem Samstag stattfinden, die wenigsten in Freitagsspielen (zumindest im Zeitraum 1995 bis 2011).

786. Im Maritim Hotel Reichshof in Hamburg gibt es ein Zimmer mit Bettbezügen und Dekoration des FC St. Pauli.

787. Darlington Omodiagbe stieg mit vier Mannschaften in vier aufeinanderfolgenden Jahren ab: Unterhaching (2007), Carl Zeiss Jena (2008), Osnabrück (2009) und Rot-Weiß Ahlen (2010).

788. Das britische Duo Alan & Denise nahm nach einer Niederlage Englands gegen Deutschland 1983 eine Ode an Karl-Heinz Rummenigge auf. Titel: »Sexy knees«.

789. Beim WM-Achtelfinalspiel 2006 gegen Ecuador erbrach sich David Beckham aus Erschöpfung auf die Seitenlinie, ehe er ausgewechselt wurde. Davor hatte Beckham das einzige Tor des Spiels erzielt.

790. Im Jahr 1922 gab es keinen Deutschen Meister. Das Finale zwischen dem Hamburger SV und dem 1. FC Nürnberg war wegen zu vieler verletzter Nürnberger Spieler abgebrochen worden. Nürnberg verlangte ein Wiederholungsspiel, der HSV lehnte ab.

791. Michael Ballack schlief als Kind in Bettwäsche von Werder Bremen.

792. Das wohl brutalste Foul der Bundesligageschichte beging der Bremer Norbert Siegmann im August 1981. Mit seinen Stollen schlitzte er den Oberschenkel von Ewald Lienen auf der Länge von 25 Zentimetern auf. Er sah dafür die Gelbe Karte.

793. In der Saison 1995/96 kassierte Kaiserslautern weniger Gegentore (37) als der Deutsche Meister Borussia Dortmund (38) und stieg dennoch ab.

794. Am 23. April 1994 erzielte Thomas Helmer in der Bundesliga ein »Phantomtor« für Bayern München. Sein Schuss war am Nürnberger Tor vorbeigekullert, wurde vom Schiedsrichter aber als Treffer gewertet. Es war das 1:0, Bayern gewann 2:1.

795. Aufgrund der Fehlentscheidung wurde das Spiel wiederholt. Diesmal gewann Bayern gegen Nürnberg 5:0.

796. Etwa fünfzehn Prozent aller direkten Freistöße werden verwandelt.

797. Sergej Kiriakov und Hugo Almeida sind die einzigen Spieler in der Geschichte der Bundesliga, die in einem Spiel drei Tore erzielten und danach vom Platz flogen.

798. Franck Ribéry hat seine Narbe von einem Autounfall als Zweijähriger.

799. Der ideale Abwurfwinkel beim Einwurf beträgt 30 Grad.

800. Mario Gomez erlebte das Achtelfinale der WM 2006 beim Public Viewing. Er trug eine Deutschland-Perücke.

801. Bis zum 30. Oktober 1970 war Frauenfußball vom DFB aus »grundsätzlichen Erwägungen« und »ästhetischen Gründen« verboten.

802. Erlaubt wurde Frauenfußball dann nur unter Auflagen: Frauenteams mussten eine halbjährige Winterpause einhalten, durften keine Stollenschuhe tragen und mussten mit leichteren Bällen spielen.

803. Franz Beckenbauers Wohnsitz in Oberndorf in Tirol befindet sich am Kaiserweg.

804. Noch nie stellte ein Team in einem WM-Halbfinale so viele Spieler wie der FC Bayern München bei der WM 2010, nämlich elf: Butt, Badstuber, Lahm, Kroos, Schweinsteiger, Müller, Gomez, Klose, Braafheid, Robben und van Bommel.

805. Alex Ferguson (1999, 2008, 2009, 2011 mit Manchester United) ist zusammen mit Marcello Lippi (1996, 1997, 1998 und 2003 mit Juventus Turin) der Trainer mit den meisten Endspielteilnahmen seit der Einführung der Champions League. Nimmt man den Europacup der Landesmeister hinzu, so hatte vier Endspielteilnahmen zuvor nur Miguel Munoz mit Real Madrid geschafft (1960, 1962, 1964 und 1966).

806. Die höchste Halbzeitführung in einem Champions-League-Finale hatte 2005 in Istanbul der AC Mailand gegen den FC Liverpool inne (3:0). Trotzdem gewann Liverpool das Spiel noch im Elfmeterschießen.

807. Das 3:3 nach Verlängerung war auch das Finale, in dem die meisten Tore fielen.

808. AEK Athen schaffte 2002/03 das Kunststück, alle sechs Gruppenspiele unentschieden zu spielen. Das gab es sonst nie in der Champions League. Athen schied als Dritter hinter dem AS Rom und Real Madrid aus.

809. Jens Lehmann kassierte 2005/06 in der Champions League bei keinem seiner acht Einsätze ein Gegentor. Das ist Rekord.

810. Im Finale gegen Barcelona flog Lehmann aber wegen einer Notbremse in der 18. Minute vom Feld – Arsenal verlor 1:2.

811. Rainer Bonhof ist der einzige Spieler, der zweimal Europameister wurde – 1972 und 1980.

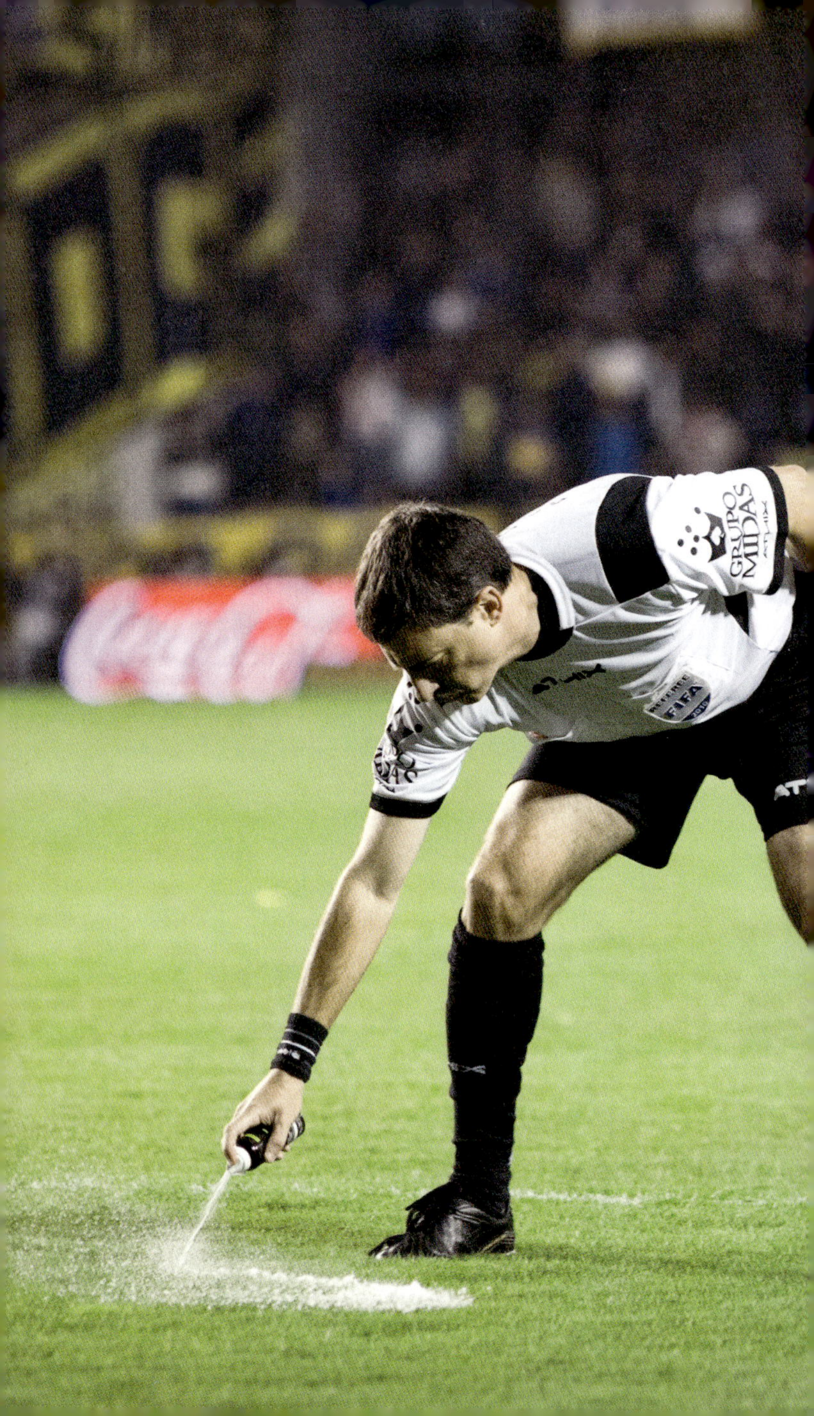
GRUPO MIDAS

812. Die Linien des Fußballfeldes dürfen höchstens zwölf Zentimeter breit sein.

813. Zlatan Ibrahimovic (Ajax Amsterdam, FC Barcelona, Inter Mailand, Juventus Turin, AC Mailand) und Hernan Crespo (Chelsea, Inter Mailand, Lazio Rom, AC Mailand, AC Parma) sind die einzigen Spieler, die in der Champions League für fünf verschiedene Vereine mindestens ein Tor erzielten.

814. Jermaine Pennant (Birmingham City) war beim 1:1 gegen Tottenham 2005 der erste Profi, der ein Pflichtspiel mit elektronischer Fußfessel bestritt. Er war wegen Fahrens ohne Führerschein zu drei Monaten Haft verurteilt worden und zum Zeitpunkt des Spiels »Freigänger«.

815. William Ralph »Dixie« Dean gelangen 1927/28 in 39 Ligaspielen 60 Tore für den FC Everton. Das ist bis heute Rekord im englischen Fußball.

816. Bei der WM 2010 standen erstmals nicht Deutschland, Brasilien, Italien oder Argentinien im Finale. Spanien gewann 1:0 gegen die Niederlande.

817. Bereits zweimal spielten in einem WM-Finale zwei Brüder für die deutsche Nationalmannschaft. 1954 waren es Ottmar und Fritz Walter, 1982 Bernd und Karlheinz Förster.

818. Kein Team hat in der Geschichte der WM häufiger zu null gespielt als Brasilien (42 Mal). Auf Platz zwei folgt das deutsche Team mit 37 Spielen ohne Gegentor.

819. Die meisten Elfmetertore (ohne Elfmeterschießen) bei Weltmeisterschaften erzielten die Spanier (14). Auf Platz zwei folgt Deutschland mit zehn verwandelten Elfmetern.

820. Der beste deutsche Torjäger bei Europameisterschaften ist Jürgen Klinsmann, der von 1988 bis 1996 fünf Treffer erzielte.

821. Klinsmann hat auch die meisten Einsätze bei Europameisterschaften vorzuweisen (13, wie Thomas Häßler).

822. 2001 erzielte Oliver Kahn beim Spiel des FC Bayern München gegen Hansa Rostock beim Stand von 2:3 einen Treffer für die Bayern. Das Problem: Er erzielte den Treffer mit beiden Fäusten im gegnerischen Strafraum und sah dafür die Gelb-Rote Karte.

823. Die Bundesliga hat 2009/10 einen Umsatz von 1,8 Milliarden Euro gemacht.

824. Dietmar Schwager (1. FC Kaiserslautern) absolvierte 267 Spiele, ehe er sein erstes Tor erzielte. Kein anderer Feldspieler brauchte so lange.

825. In der ewigen Tabelle bei Europameisterschaften führt die deutsche Nationalmannschaft mit 67 Punkten vor den Niederlanden (59 Punkte) und Frankreich (49 Punkte).

826. Zugleich haben nur Russland (11) und Dänemark (12) mehr EM-Spiele verloren als Deutschland (9).

827. Der Argentinier Rodolfo Esteban Cardoso war der erste Nicht-Europäer als verantwortlicher Trainer eines Bundesligisten. Cardoso trainierte 2011 übergangsweise den Hamburger SV.

828. Sechs Vereine spielten jeweils nur eine Saison in der Bundesliga: Tasmania Berlin, Preußen Münster, Fortuna Köln, Blau-Weiß 90 Berlin, der VfB Leipzig und der SSV Ulm.

829. Karl-Heinz Körbel hatte seinen 100. Startelf-Einsatz mit 20 Jahren, 11 Monaten und 28 Tagen. Kein anderer Spieler stand so früh 100 Mal in der Startformation.

830. Der Torwart Jürgen Rynio ist der Rekord-Absteiger der Bundesliga. Nur ihm widerfuhr es, als Spieler mit fünf verschiedenen Klubs aus der Bundesliga abzusteigen (Hannover, Nürnberg, Karlsruhe, Dortmund, St. Pauli).

831. Klangvolle Fußballernamen: Creedence Clearwater Couto (brasilianischer Stürmer), Johnny Moustache (Nationalspieler der Seychellen), Daniel Killer (ehemaliger argentinischer Nationalspieler), Ricardo Virtuoso (brasilianischer Mittelfeldspieler).

832. Felix Magaths erster Vorname ist Wolfgang.

833. Die früheste Strafe für Zeitspiel erhielt der norwegische Torwart Per Haftorsen. Nach fünf Minuten im WM-Qualifikationsspiel 1972 zwischen den Niederlanden und Norwegen sah er die Gelbe Karte.

834. Gelbe und Rote Karten gibt es seit der WM 1970 in Mexiko. Zuvor waren Platzverweise mündlich ausgesprochen worden.

835. Der deutsche Schiedsrichter Tschenscher zeigte beim Spiel zwischen der Sowjetunion und Mexiko (0:0) dem Sowjetrussen Kakhi Asatiani die erste Gelbe Karte.

836. Kein Bundesligaspieler hat öfter die Gelbe Karte gesehen als Stefan Effenberg. 111 mal Gelb, viermal Gelb-Rot.

837. Der Spieler Mohamed Sissoko begründete sein Fernbleiben vom Training beim FC Valencia mit einem Länderspieleinsatz Mali gegen Kenia. Die Begegnung war frei erfunden.

838. Louis van Gaal wird von seinen Töchtern gesiezt.

839. Der erfolgreichste EM-Trainer der Geschichte – gemessen an gewonnenen Spielen – ist Berti Vogts.

840. Der erste Dopingfall der Bundesligageschichte war der Bayern-Stürmer Roland Wohlfahrt. Der zu Übergewicht neigende Stürmer hatte den Appetitzügler Recalon genommen.

841. Das rechte Bein des Brasilianers Garrincha, der bei der WM 1958 mit seinen Dribblings sogar Pelé in den Schatten stellte, war sechs Zentimeter kürzer als das linke.

842. 1958 wollte Udo Lattek das Trainerdiplom machen. Nachdem er dem Dozenten Hennes Weisweiler gesagt hatte: »Sie können mir mal den Buckel runterrutschen!«, warf Weisweiler den 20-jährigen Lattek aus dem Lehrgang. Später empfahl Weisweiler ihn trotzdem als Assistent des Bundestrainers Helmut Schön.

843. Pelé ist Ehrenmitglied von Rot-Weiß Essen.

844. 1864 sahen die Trikots vorschriftsgemäß anders aus: Die Hosen mussten über das Knie gehen, und die Mützen der Spieler wurden mit Quasten verziert.

845. Der Ukrainer Nikolai Kutsenko hielt zehn Stunden lang, auf einer Strecke von 42 Kilometern, einen Fußball in der Luft.

846. Nur Athletic Bilbao, Real Madrid und der FC Barcelona spielen ununterbrochen in der spanischen Primera Division.

MYTHOS UND WAHRHEIT
> 847. – 859.

Immer über die Flügel? Verflixtes 2. Jahr? Der Ball ist rund? Unsinn.

Ein herkömmlicher Fußball ist nicht rund, sondern ein abgestumpfter **Ikosaeder**. Er weicht zu einem Prozent von der perfekten Kugelform ab.

Elfmeterschützen, die selbst gefoult wurden, haben die gleiche Trefferquote wie nicht gefoulte Schützen.

Menschen, die **15 Minuten** Kopfbälle üben, schneiden bei Gedächtnistests genauso gut ab wie Menschen ohne derartige Erschütterungen.

»Es gibt nur ein' Rudi Völler« ist ein Mythos. Zum Beispiel gibt es noch einen Rudi Völler in der Eifel, der kein Fußballer ist.

THOMAS MÜLLER HAT FOLGENDE ERKLÄRUNG FÜR DIE UNTER FUSSBALLERN VERBREITETE VORLIEBE FÜR MODELS: »OFT IST ES EHER SO, DASS DIE FRAUEN MODELS WERDEN, WENN SIE MIT EINEM FUSSBALLER ZUSAMMEN SIND.«

Nur etwa jeder 50. Eckball führt zu einem Tor.

NUR JEDES DRITTE SPIEL WIRD VON DER MANNSCHAFT GEWONNEN, DIE HÄUFIGER IM BALLBESITZ WAR ALS IHR GEGNER.

1,5 PROZENT DER ANGRIFFE DURCH DIE MITTE FÜHREN ZU EINEM TOR – EBENSO WIE 1,5 PROZENT DER ANGRIFVFE ÜBER DIE FLÜGEL.

NUR 40 PROZENT ALLER SPIELE WERDEN VON DER MANNSCHAFT GEWONNEN, DIE DIE BESSERE ZWEIKAMPFBILANZ AUFWEIST.

Gerade einmal einer von **37 Schüssen**, die von außerhalb des Strafraums abgegeben werden, führt zu einem Tor.

Scheiß Millionäre? Ein Viertel aller deutschen Fußballprofis landet mal in Hartz IV.

Von wegen schwieriges zweites Jahr: Vierzig Prozent der Aufsteiger steigen in der ersten Saison wieder ab – in ihrer zweiten Saison sind es nur noch siebzehn Prozent.

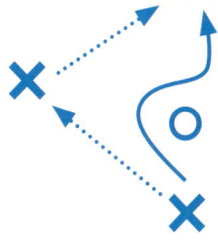

NICHT EINMAL JEDEM **HUNDERTSTEN TOR** GEHT EIN DOPPELPASS VORAUS.

860. Jean-Luc Ettori hat in der französischen Ligue 1 die meisten Einsätze (602). Der deutsche Rekordhalter Karl-Heinz Körbel kommt auf exakt die gleiche Zahl an Spielen.

861. Ettori und Körbel absolvierten alle 602 Spiele für einen Verein (Körbel für Frankfurt, Ettori für Monaco).

862. Nach der Niederlage gegen Deutschland im WM-Finale 1954 stand der ungarische Torwart Gyula Grosic fünfzehn Monate unter polizeilicher Beobachtung, wurde von Budapest zum Bergarbeiterverein Tatabanya versetzt und kam in den folgenden 23 Länderspielen nicht zum Einsatz.

863. Sowohl Juventus Turin als auch der AC Mailand bestritten ihr 1000. Spiel in der Serie A bei einem Derby. Beide gewannen ihr Spiel (1962, Juve 3:1 gegen FC Turin, Milan 2:0 gegen Inter).

864. Nicola Amoruso spielte für dreizehn Klubs in der Serie A und erzielte für zwölf Teams auch ein Tor. Nur für den AC Siena gelang ihm kein Treffer.

865. Frank Pagelsdorf spielt in seiner Freizeit Golf.

866. Die Mutter des Fußballers Jermaine Jones war die Tagesmutter des kleinen Bruders der Fußballerin Steffi Jones.

867. Lothar Matthäus ist von Beruf Raumausstatter.

868. In Hotelzimmern stellt Matthäus oft die Möbel und Lampen um, bis ihm ihre Anordnung gefällt.

869. Die damalige Weltfußballerin Birgit Prinz bekam 2003 das Angebot, zum AC Perugia in die erste italienische Liga zu wechseln – der Männer. Prinz lehnte ab: »Sportlich nicht interessant.«

870. Wegen einer Schwalbe durfte der Trainer Norbert Meier, damals MSV Duisburg, drei Monate seinen Beruf nicht ausüben. Er hatte sich im Dezember 2005 nach einer angeblichen Kopfnuss des Kölner Spielers Albert Streit am Spielfeldrand spektakulär fallen lassen.

871. Im März 1999 verkündete Klaus Augenthaler als Trainer beim Grazer AK seinen Wechsel zu einem französischen Topklub. Gleichzeitig stellte er seinen Nachfolger Albertas Klimawiszys vor, der gleich mit kruden Trainingsmethoden die Spieler gegen sich aufbrachte. Dabei handelte es sich um Hape Kerkeling, der diese Rolle für seine Sendung »Darüber lacht die Welt« spielte. Augenthaler hatte mitgespielt – und blieb Trainer in Graz.

872. Der Mainzer Trainer Thomas Tuchel spielte bis 2010 regelmäßig für die Münchner Freizeitfußballmannschaft FC E-Garten.

873. Der einzige Thai, der bisher in der Bundesliga spielte, war Withaya Laohakul. Er bestritt drei Spiele für Hertha BSC in der Saison 1979/80.

874. Der jüngste Spieler, der in der Bundesliga des Feldes verwiesen wurde, war Maurizio Gaudino. Es war ausgerechnet sein Debüt (mit Waldhof Mannheim gegen Eintracht Braunschweig im September 1984), als er im Alter von 17 Jahren, 8 Monaten und 26 Tagen die Rote Karte sah.

1. FC DYNAMO DRE
A CUP 2nd ROUND
ACKBURN
ЛЕВСКИ СОФ
ALD STADION
nkfurt
1. FC KÖL
PSV - AC MILAN
Europese 1/2 finale
Eindhoven - 4 mei 2005
CELTIC FC
UEFA CUP CELTIC PARK 19.03.03
LIVERPOOL
UEFA CUP ANFIELD
TALI
DIE MACHT VON DER SPREE - OLYMPIASTAD
HERTHA B.S.C. BERL
HERTHA POWER - DIE MACHT VON DER SPR
1. FC UNION BER

BIONADE

875. Für Fußball im Pay-TV zahlt ein deutscher Wirt mindestens 189 Euro im Monat.

876. Hansa Rostock ist das einzige Team, das innerhalb einer Saison (1991/92) beide Spiele gegen den Rekordmeister FC Bayern München gewann und trotzdem abstieg.

877. Die erste Gelb-Rote Karte der Bundesliga bekam Stefan Effenberg 1991 beim 3:2-Sieg des FC Bayern gegen Schalke.

878. Die meisten Tore in einem DFB-Länderspiel schaffte Gottfried Fuchs: Er traf 1912 beim 16:0 gegen Russland zehnmal.

879. Wegen seiner Neigung zum Herumplaudern wurde Lothar Matthäus in seiner aktiven Zeit von Mitspielern »die Schallplatte« genannt.

880. Nur 1958 nahmen alle vier britischen Nationalmannschaften an einer WM teil: England, Schottland, Nordirland und Wales.

881. Italien blieb bei der WM 1990 zwar 517 Minuten in Folge ohne Gegentor (WM-Rekord), schied aber im Elfmeterschießen gegen Argentinien aus.

882. Die schnellste Rote Karte bei einer WM bekam 1986 der Uruguayer José Batista nach 56 Sekunden.

883. Der späteste Platzverweis bei einer WM ereilte den Argentinier Leando Cufré 2006 nach dem Abpfiff des Spiels gegen Deutschland – Cufré war nicht einmal eingesetzt worden.

884. Erich Ribbeck ist der einzige Bundestrainer ohne WM-Teilnahme.

885. Ein Ball, der auf dem Rasen aufkommt, berührt ihn etwa sechzig Millisekunden lang. Bei einem harten Schuss sind es nur ungefähr zehn Millisekunden.

886. Im Stadion von Leverkusen hört man mitunter folgenden Gesang: »Wir schlafen nicht auf Betten, wir schlafen nicht auf Stroh, wir schlafen auf Tabletten, das ist bei Bayer so.«

887. Die Fans von St. Pauli singen unter anderem: »Auf geht's, Zecken, schnorrt ein Tor.«

888. 17 Prozent der Zweikämpfe enden mit einem Foul.

889. Spanien und England sind die einzigen Mannschaften, die ein WM-Finale im Auswärtstrikot gewannen.

890. Den Zuschauerrekord bei Endspielen im Europapokal hält die Begegnung Real Madrid gegen Eintracht Frankfurt im Mai 1960: Im Stadion waren 127 000 Menschen.

891. Der Ball braucht vom Fuß des Schützen bis zum Tor beim Elfmeter etwa 0,3 Sekunden.

892. Die Hymne der Champions League, die vor jedem Anpfiff gespielt wird, ist eine Abwandlung von Georg Friedrich Händels »Zadok the priest«.

893. Paulo Sousa gewann zweimal in Folge die Champions League: 1996 mit Juventus Turin und 1997 mit Borussia Dortmund – gegen Juventus Turin.

894. Den schnellsten Treffer der Champions League erzielte der Stürmer Roy Makaay. 2007 traf er nach zehn Sekunden für Bayern München gegen Real Madrid.

895. Berti Vogts schoss das erste Eigentor der deutschen WM-Geschichte: 1978 beim 2:3 gegen Österreich.

896. Der VfL Wolfsburg verpflichtet seine Spieler vertraglich, nicht weiter als 35 Kilometer von Wolfsburg entfernt zu wohnen.

897. Rapid Wien, der österreichische Rekordmeister, war schon einmal Deutscher Meister (1941) und Pokalsieger (1938). Im Jahr 1943 gelang auch dem Lokalrivalen First Vienna der Pokalsieg in Deutschland.

898. Jupp Heynckes ist gelernter Stuckateur.

899. Michael Blättel vom 1. FC Saarbrücken musste 1985 aufgrund eines eingeklemmten Ischiasnerves ein Spiel pausieren. Er hatte sich beim Aufstehen im Bett verrenkt.

900. Österreich war 1924 das erste Land in Kontinentaleuropa, das den Berufsfußball einführte.

901. Torhüter haben im Durchschnitt 1,1 Geschwister. Bei Verteidigern sind es 1,8. Stürmer kommen auf 2 Geschwister, Mittelfeldspieler auf 2,4.

902. In den DFB-Pokal-Halbfinals 1984 fielen bei den Spielen Bayern gegen Schalke und Bremen gegen Gladbach insgesamt 26 Tore. Gladbach gewann 5:4 nach Verlängerung, bei Bayern gegen Schalke stand es nach der Verlängerung 6:6. Weil es damals noch kein Elfmeterschießen gab, musste ein Wiederholungsspiel angesetzt werden, das die Bayern 3:2 gewannen.

903. Um abzunehmen, hat sich Diego Maradona 2005 den Magen verkleinern lassen.

904. Bei den Fußballmeisterschaften des Vatikan sind Spiele am Sonntag verboten.

905. Nachdem Campinos Lieblingsklub Liverpool 2008 aus der Champions League ausgeschieden war, trat der Sänger der Toten Hosen wütend gegen eine Mülltonne. Er brach sich den Fuß.

906. Der ehemalige Schiedsrichter Markus Merk moderiert eine Fußballsendung im türkischen Fernsehen.

907. Rudi Gutendorf hält den Weltrekord der Trainerstationen. Er hat auf fünf Kontinenten gearbeitet, unter anderem als Trainer von Ruanda, Bolivien, Botswana und Schalke.

908. Auf der Insel Elba ist eine Straße nach dem WM-Kraken-Orakel 2010 benannt: Die Via Polpo Paul.

909. Irans Präsident Mahmud Ahmedinedschad dagegen hat Paul beschuldigt, »westliche Propaganda und Aberglaube« in die Welt zu setzen.

910. Im Video zu »Three Lions« der Lightning Seeds tragen die deutschen Fans alle Trikots von Stefan Kuntz. Sein Name wird englisch »Cunts« ausgesprochen, was ein unfeiner Begriff für weibliche Geschlechtsorgane ist.

911. Der DFB ist mit 26 000 Vereinen und mehr als sechs Millionen Mitgliedern der größte Einzelsportverband der Welt.

912. Die erste Gelb-Rote Karte einer WM sah der Bolivianer Luis Cristaldo 1994 im Gruppenspiel gegen Südkorea.

913. Kein Nationalteam stand so oft in einem WM-Halbfinale wie Deutschland: elfmal.

914. Willy Sagnol (FC Bayern München) ist der Spieler, der am schnellsten 100 Spiele in der Bundesliga gewann. Er brauchte dafür lediglich 148 Einsätze. Direkt hinter Sagnol rangiert Jurica Vranjes (SV Werder Bremen), der nach 152 Einsätzen seinen 100. Sieg feierte.

915. Alex Ferguson von Manchester United schob einmal eine Niederlage in Southampton auf die grauen Auswärtstrikots seines Teams: »Die Spieler konnten sich gegenseitig nicht sehen.«

916. Günter Eichberg, Schalke-Präsident von 1989 bis 1993, wurde »Sonnenkönig« genannt, und zwar zu Recht: Weil er 1990 zu spät zur Beerdigung der Schalker Legende Ernst Kuzorra erschienen war, ließ er die Feierlichkeiten kurzerhand wiederholen.

917. Die erste WM 1930 wurde in nur drei Stadien ausgespielt, die alle in der Hauptstadt Montevideo standen.

918. Bisher stand immer mindestens ein europäisches Team im Finale der Weltmeisterschaft, außer 1930 und 1950.

919. Beim Elfmeterschießen erhöht sich die nervliche Anspannung mit zunehmender Schusszahl. Deshalb ist ein Erfolg am wahrscheinlichsten, wenn der schwächste Schütze zuerst schießt, dann der zweitschwächste und so weiter, bis der sicherste Schütze zuletzt antritt.

920. Als Gerd Müller, der Bomber der Nation, ein Millionenangebot des FC Barcelona ablehnte, sagte er zur Begründung: »Mog i ned. I kann doch ned mehr als ein Schnitzel essen.«

921. Die deutsche Meisterschale wird seit 1949 vergeben.

922. Philipp Lahm wechselte in der Jugend nicht zum TSV 1860 München, nachdem ihm bei einem Probetraining aufgefallen war, dass die Zäune hinter dem Tor Löcher hatten.

923. Der Italiener Salvatore Schillaci, Torschützenkönig der WM 1990, hatte vor dem Turnier kein Länderspiel bestritten.

924. Philipp Lahms Berufswunsch in seiner Kindheit war erst Bäcker, dann Banker.

925. Der älteste Debütant der Bundesliga war Richard Kress von Eintracht Frankfurt, der bei seinem ersten Einsatz (24. August 1963, 1. Spieltag) 38 Jahre und 171 Tage alt war.

926. Der Italiener Alessandro Altobelli erzielte das letzte Tor der WM 1982 und das erste Tor der WM 1986.

927. Am 6. April 2001 lief zum ersten Mal in der Geschichte der Bundesliga eine Mannschaft ohne deutschen Spieler auf: Energie Cottbus im Spiel gegen den VfL Wolfsburg.

928. Cottbus' Aufstellung: Piplica, Vata, Matyus, Hujdurovic, Akrapovic, Reghecampf, Kobylanski, Latoundji, Miriuta, Labak, Franklin. Das Spiel endete 0:0.

929. Kein Spieler der Bundesliga stand so oft bei einem 0:0 auf dem Platz wie Bremens früherer Torwart Oliver Reck (57 Mal).

930. Udo Lattek ist mit acht Meistertiteln der erfolgreichste Trainer der Bundesligageschichte.

931. Das schnellste Tor im deutschen Profifußball schoss Benjamin Siegert für Wehen Wiesbaden in der 2. Liga nach acht Sekunden (1:1 in Fürth am 5. Oktober 2007).

932. 2002 schied Frankreich als amtierender Weltmeister nach der Gruppenphase mit nur einem Punkt und einem Tor aus. Das war das schlechteste Abschneiden eines amtierenden Titelträgers in der WM-Geschichte.

933. Markus Schuler bestritt 182 Bundesligaspiele, ohne je ein Tor zu schießen – Rekord unter allen Feldspielern der Bundesliga.

934. Bei der Wahl zu Europas Fußballer des Jahres 1972 belegte Franz Beckenbauer den ersten Platz, Gerd Müller den zweiten und Günter Netzer den dritten.

935. Markus Pröll, seinerzeit Torwart bei Eintracht Frankfurt, zog sich 2009 eine Schultereckgelenksprengung zu, als er in einer Traube von Fans über ein kleines Mädchen stürzte.

936. Erst bei der sechsten WM – 1958 in Schweden – kam es zum ersten Mal zu einem 0:0. Vier Tage später zum zweiten Mal.

937. Nach dem überraschenden 1:0-Sieg der USA gegen England bei der WM 1950 vermutete eine britische Zeitung einen Fehler in der telegrafischen Übermittlung und berichtete, England habe 10:1 gewonnen.

938. Michael Preetz spielt in seiner Freizeit Golf.

939. Der FC Bayern ist der einzige Klub, der in einer Bundesligasaison vom ersten bis zum letzten Spieltag auf Platz 1 der Tabelle stand (1972/73 und 2007/08).

940. Auf einem fremden Kontinent die Weltmeisterschaft zu gewinnen, schaffte im 20. Jahrhundert nur eine Nation: Brasilien 1958 in Schweden. Es folgten Brasilien 2002 in Japan/Südkorea und Spanien 2010 in Südafrika.

941. Die Bayern halten auch den Rekord für Tabellenführungen in Serie. Vom 26. Spieltag 1971/72 bis zum Ende der Saison 1972/73 stand der FC Bayern 43 Spieltage in Folge auf Platz 1.

942. Klaus Fischer traf in seiner Bundesligakarriere gegen 32 verschiedene Klubs, mehr als jeder andere Spieler.

943. Der Ghanaer Ibrahim Sunday war der erste Afrikaner in der Bundesliga. Er spielte 1975 für Werder Bremen und kam einmal zum Einsatz.

944. Bei Sundays Einwechslung im Spiel gegen Rot-Weiß Essen unterlief Bremens Trainer Otto Rehhagel ein Fehler: Rehhagel brachte Sunday für Jürgen Röber, es standen aber bereits zwei Ausländer für Bremen auf dem Platz, mehr waren damals nicht erlaubt. Bremen musste später eine Geldstrafe zahlen. Einen Punktabzug gab es nicht, da Bremen 0:2 verloren hatte.

945. Mit 71 Jahren war Otto Rehhagel 2010 der älteste Trainer der WM-Geschichte.

946. Der Mexikaner Cuauhtemoc Blanco wurde bei der WM 1998 berühmt, als er den Ball zwischen die Füße klemmte und durch zwei südkoreanische Spieler hindurchsprang. Dieser Trick wurde daraufhin »Cuauteminha« oder »Bunny Hop« genannt.

947. Nach dem Elfmeterschießen im Spiel von England gegen Argentinien bei der WM 1998 mussten in England 25 Prozent mehr Patienten mit Herzinfarkt ins Krankenhaus als gewöhnlich.

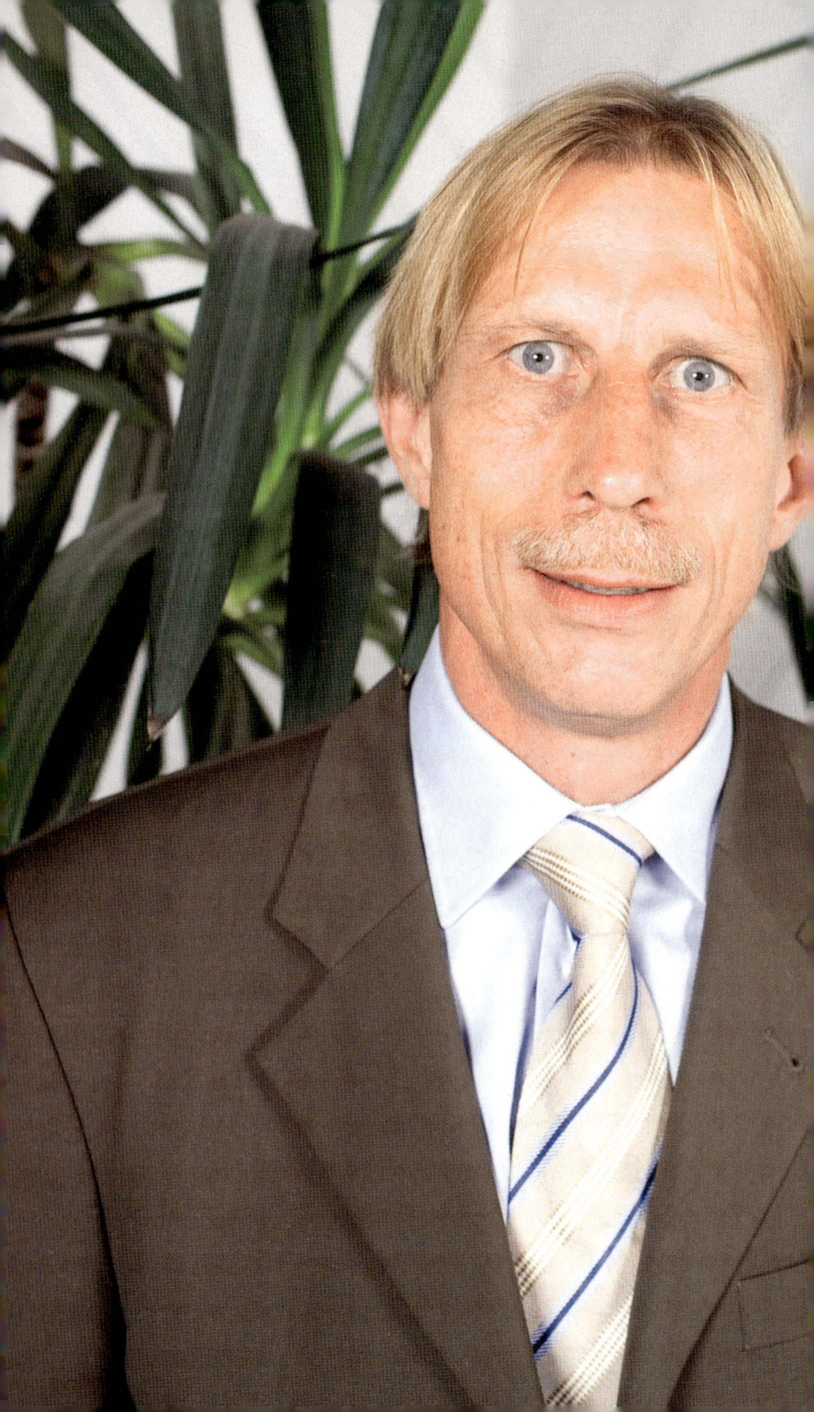

948. Christoph Daum heiratete seine zweite Frau Angelica im Mittelkreis des Kölner Stadions.

949. Der FC Bayern hat noch nie die ersten beiden Saisonspiele in der Bundesliga verloren.

950. 1938 trat der französische Präsident Albert Lebrun beim symbolischen Anstoß der WM in den Boden.

951. Eduard Streltsow, wohl eines der größten russischen Fußballtalente der Geschichte, wurde vor der WM 1958 für fünf Jahre ins Lager gesperrt. Er hatte sich geweigert, die Tochter eines Politbüro-Mitglieds zu heiraten.

952. Es hat schon maulfaulere deutsche Nationalspieler gegeben als Lukas Podolski. Ein Interview mit Paul Janes 1934: »Herr Janes, Sie waren mit der Nationalelf in Italien?« – »Ja.« – »Sind Sie mit dem Abschneiden zufrieden?« – »Ja.« – »Hätten Sie Weltmeister werden können?« – »Nein.« – »Der dritte Platz tut es auch?« – »Ja.« – »Wie war es in Italien?« – »Warm.«

953. Jürgen Klopps Sohn Marc spielt in der zweiten Mannschaft von Borussia Dortmund.

954. Vor seinem ersten Länderspiel für die deutsche U15 sang Mario Gomez die Nationalhymne nicht mit. Er erzielte ein Tor. Deswegen singt Gomez bis heute die Hymne nicht mit.

955. Jerome Boateng, inzwischen bei Bayern München, musste einen Monat pausieren, nachdem eine eilige Stewardess ihm den Getränkewagen gegen das Knie gerammt hatte.

956. Der argentinische Torwart Sergio Goycochea hatte die Gewohnheit, vor gegnerischen Strafstößen auf den Platz zu pinkeln.

957. Bei der WM 1966 rieb sich der Engländer Nobby Stiles vor jedem Spiel die Brust mit Olivenöl ein.

958. Der dänische Topspieler Preben Elkjaer-Larsen war schon als Profi Kettenraucher. Auch in den Halbzeitpausen rauchte er.

959. Wayne Rooney kann am besten einschlafen, wenn er dabei einen Fön oder einen Ventilator laufen lässt.

960. Nach Verletzungen bleiben Fußballer im Durchschnitt 30 Sekunden länger am Boden liegen als Fußballerinnen.

961. Auch der Torjubel dauert bei Männern länger. Sie feiern fast eine Minute, Frauen nur eine halbe.

962. Die Einwechslung des Spielers Clemens Walch im Spiel Bremen gegen Kaiserslautern am 6. August 2011 scheiterte daran, dass Walch sein Trikot in der Kabine vergessen hatte. Während der Trainer die anderen Ersatzspieler sondierte, kassierte Lautern das zweite Gegentor (Endstand: 2:0).

963. Bei Werder Bremen ist es den Spielern verboten, sich während der Saison tätowieren zu lassen.

964. Marco Reus hat seinen Namen und sein Geburtsdatum auf seinen Unterarm tätowiert.

965. Luciano Re Cecconi, Mittelfeldspieler und 1974 italienischer Meister mit Lazio Rom, starb 1977, als er in einem Juweliergeschäft mit zwei Freunden zum Spaß »Überfall!« rief und der Besitzer ihn erschoss.

966. Der FC St. Pauli ist der einzige Bundesligaverein, bei dem das Trikot nicht mehr die umsatzstärkste Fantextilie ist.

967. Von 1989 bis 1999 trug die deutsche Nationalmannschaft der Frauen stets exakt das gleiche Trikot wie die männliche Nationalmannschaft.

968. Darauf gedruckt waren auch die drei Sterne, die die Männer mit ihren Weltmeistertiteln erobert hatten.

969. Die Fußballhymne »You'll Never Walk Alone« stammt eigentlich aus dem schmalzigen Musical »Carousel« von 1945.

970. In diesem Musical wird das Lied für eine Frau gesungen, deren Mann sich gerade das Leben genommen hat.

971. Weil die Deutsche Fernsehlotterie Sponsor des FC St. Pauli ist, steht deren Werbeslogan »Ein Platz an der Sonne« auf den Trikots des Vereins. Der gleiche Aufdruck ist von Thor-Steinar-T-Shirts aus der rechten Szene bekannt, was unter den Pauli-Fans zu Diskussionen führte.

972. Ein Hund namens Pickles fand die 1966 in London gestohlene Weltmeisterschaftstrophäe in einem Gebüsch. Später trat Pickles in einer Fernsehkomödie auf, erwürgte sich aber 1971 mit seiner eigenen Leine.

973. Nordkorea war die einzige Mannschaft der WM 2010, die keinen Ausrüster hatte und sich die Ausrüstung selbst kaufte.

974. Adidas lässt neue Bälle und Schuhe mit dem sogenannten »Robbi-Leg« testen: einem computergesteuerten Roboterfuß, mit dem jeder Schuss simuliert werden kann.

975. Weil Schweden und Brasilien beide in Gelb spielen, mussten sich die Brasilianer während der WM 1958 eine neue Farbe suchen (Schweden durfte als Gastgeber bei seiner Farbe bleiben). Sie kauften im Sportladen elf blaue Hemden, ließen Spielernummern und Wappen umnähen und wurden Weltmeister.

976. Bei den 156 Verletzungsunterbrechungen der WM 2006 stellten die Ärzte in 68 Fällen tatsächlich eine Verletzung fest.

977. Beim Vereinswichteln bekam der deutsche Spieler Dietmar Hamann von einem anonymen englischen Mitspieler bei Newcastle United eine Ausgabe von Adolf Hitlers »Mein Kampf«.

978. Der englische Club Birmingham City versuchte in den 80er-Jahren, einen vermeintlichen Fluch durch gemalte Kruzifixe auf Kabinentür, Schuhe und Flutlichtmasten sowie durch einen Manager, der an alle vier Eckfahnen pinkelte, zu brechen.

979. Al-Saadi al-Gaddafi, Sohn des libyschen Ex-Diktators Muammar al-Gaddafi, war einige Jahre bei den italienischen Vereinen Perugia, Udinese und Sampdoria unter Vertrag, kam jedoch bei allen drei Clubs so gut wie nie zum Einsatz.

980. Sam Bartram, Towart von Charlton Atheltic, merkte 1956 eine Viertelstunde lang nicht, dass das Spiel gegen Chelsea wegen dichten Nebels abgebrochen war, und wurde erst von einem Polizisten entdeckt, der über das leere Spielfeld ging.

981. Franz Beckenbauer musste bei der WM 2010 in Südafrika lange auf einen Hotelaufzug warten. Als er endlich einsteigen konnte, fluchte er nach eigenen Angaben »wie ein Giesinger Kesselflicker«. Im Aufzug stand die spanische Königin Sofia.

982. Moritz Leitner von Borussia Dortmund trägt den Spitznamen »Hugh Hefner«, weil er mal mit vier Blondinen fotografiert wurde. Nur eine davon ist seine Freundin.

983. Die Fußballer der Nationalmannschaft von Benin werden auch »Eichhörnchen« genannt.

984. Andere tolle Namen: »Super-Adler« (Nigeria), »Skorpione« (Gambia), »Hengste« (Burkina Faso), »Spatzen« (Burundi).

985. Carlos Alberto Perreira nahm als Trainer an sechs Weltmeisterschaften teil – Rekord. Er trainierte dabei fünf verschiedene Nationalmannschaften.

986. Springt ein Ball beim Elfmeter vom Pfosten oder der Latte zurück ins Feld, kann der Schütze nicht direkt ein reguläres Tor erzielen: Erst muss ein anderer Spieler den Ball berühren.

987. 28 Prozent des Tores liegen in Bereichen, in denen der Torwart den Ball bei einem normalen Elfmeter nicht abwehren kann.

988. Gustavo Varela (FC Schalke 04) wurde in seinen ersten elf Bundesligaspielen zweimal des Feldes verwiesen. Kein anderer Spieler brauchte so wenige Spiele dafür.

989. 2007 verbot der FC Chelsea London seinen Fans, weiter Sellerie mit ins Stadion zu bringen. Chelsea-Fans hatten das Gemüse zu oft aufs Feld geworfen – als besondere Hommage an den Fangesang »Celery«.

990. In der Saison 1968/69 setzte der Bayern-Trainer Branko Zebec nur dreizehn Spieler ein. Bayern wurde souverän Meister.

991. Bei der EM 2008 verdienten die meisten teilnehmenden Spieler (57) ihr Geld in der Bundesliga.

992. Nach der Niederlage ihrer Mannschaft im letzten Spiel der WM 1950 gegen Uruguay waren die brasilianischen Zuschauer derart erschüttert, dass der FIFA-Präsident Jules Rimet den Siegerpokal nicht feierlich überreichte, sondern dem uruguayischen Kapitän im Kabinengang schnell in die Hände drückte.

993. In einem kräftigen Schuss stecken etwa 25 PS.

994. Die Vorrundenpartie zwischen Algerien und der Slowakei 2010 in Südafrika war das erste Spiel der WM-Geschichte, das nicht auf reinem Naturrasen stattfand.

995. Das letzte Länderspiel der DDR am 12. September 1990 endete 2:0 gegen Belgien. Beide Tore schoss Matthias Sammer.

996. Alex Ferguson, Trainer von Manchester United, trägt den Spitznamen »Fön« – weil er angeblich seine Spieler derart aus der Nähe anschreit, dass er ihnen damit die Haare trocknen könnte.

997. Nach der Halbfinalniederlage gegen Schweden bei der WM 1958 strichen viele deutsche Restaurants die »Schwedenplatte« – ein Fischgericht – von ihrer Speisekarte, schwedischen Kraftfahrern auf der Durchreise wurde das Tanken verweigert, und »Schweden unerwünscht« hieß es auf der Reeperbahn.

HOLLÄNDER
> 998. – 1007.

Unsere ewigen Rivalen sind ja auch nur Menschen. Irgendwie.

Nach dem Sieg der Niederlande über Deutschland im EM-Halbfinale 1988 gingen geschätzte neun Millionen Holländer zum Feiern auf die Straße – über

60 %

der Einwohner.

Wenn Holland gegen Deutschland spielt, tragen einige Fans orangefarbene Wehrmachtshelme, auf denen »**Aanvalluuuh**«, auf Deutsch »Angriff«, steht.

JOS LUHUKAY IST NIEDERLÄNDER, TRAINIERTE ABER BISHER AUSSCHLIESSLICH FEUTSCHE VEREINE – ZURZEIT DEN FC AUGSBURG

Die Niederlande halten den Rekord, dreimal in einem WM-Finale gestanden und jedesmal verloren zu haben.

In Holland gibt es eine Urnenwiese, die aus dem alten Rasen des Ajax-Stadions besteht. Fans können dort ihre Asche ausstreuen lassen.

DIE HOLLÄNDISCHE DOPINGAGENTUR MÖCHTE **CANNABIS** VON DER INTERNATIONALEN DOPINGLISTE STREICHEN LASSEN.

BEI DER WM 1974 WAR DER TRIKOTTAUSCH LAUT EINER WEISUNG DER FIFA UNTERSAGT. DER HOLLÄNDER **JOHNNY REP** UND **PAUL BREITNER** ÜBERREICHTEN SICH DAFÜR BEIM OFFIZIELLEN BANKETT GEGENSEITIG JACKETT UND KRAWATTE.

Wenige Monate nach der EM 1988 erschien in den Niederlanden der Gedichtband »Holland–Deutschland. Fußballpoesie« mit Beiträgen der Nationalspieler und prominenter Autoren. Der Dichter Jules Deelder schrieb über Marco van Bastens Tor gegen Deutschland: **»Die Gefallenen / Erhoben sich applaudierend von ihren Gräbern.«**

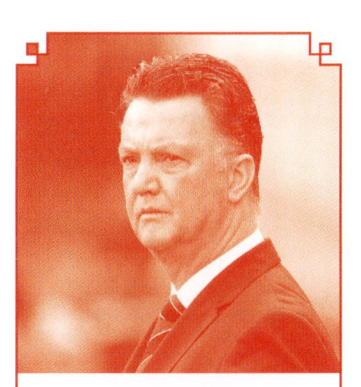

Die Fans von Ajax Amsterdam nennen sich selbst »Joden«. Vor allem bei den Hooligans gehören Davidsterne und Israelflaggen zum Standardrepertoire.

Seit **1994/95** gab es in jeder Bundesligasaison mindestens einen Trainer aus den Niederlanden.

1008. Hannover 96 und Kickers Offenbach sind die einzigen Nicht-Erstligisten, die den DFB-Pokal gewannen. Beide Vereine schafften dies als Zweitligisten.

1009. Georgios Tzavellas traf 2011 für Frankfurt gegen Schalke aus 73 Metern Entfernung – Rekord. Frankfurt verlor aber 1:2.

1010. Die erste Rote Karte einer WM traf den Chilenen Carlos Caszely 1974.

1011. Luiz Felipe Scolari gewann als Trainer zwölf WM-Spiele in Folge. 2002 wurde er mit Brasilien Weltmeister (sieben Siege), 2006 erreichte er mit Portugal das Halbfinale (fünf Siege).

1012. Jens Lehmann, seinerzeit bei Borussia Dortmund, wurde 2003 im Ligaspiel gegen Schalke vom Platz gestellt, weil er Marcio Amoroso zusammengestaucht hatte – seinen eigenen Mitspieler.

1013. Etwa 30 Prozent aller Freistöße landen in der Mauer.

1014. Den Weltrekord der Roten Karten hält eine Begegnung der fünften argentinischen Liga 2011. Nachdem es zu Tumulten gekommen war, wurden die Mannschaften von CA Claypole und Victoriano Arenas vollständig des Feldes verwiesen – inklusive Trainern und Ersatzspielern. Der Schiedsrichter verteilte 36 Rote Karten.

1015. Oliver Reck spielt in seiner Freizeit Golf.

1016. Die Nummernschilder der Autos von Spielern und Mitarbeitern des FC Bayern München enthalten die Buchstaben »DM« für »Deutscher Meister«. Wenn der FC Bayern gerade mal nicht amtierender Meister ist, werden stattdessen Nummernschilder mit »RM« angeschraubt – »Rekordmeister«.

1017. Bayer Leverkusen hat sich den Schmähbegriff »Vizekusen« beim Deutschen Patent- und Markenamt schützen lassen.

1018. Den Begriff »Meisterkusen« allerdings auch.

1019. Im Dezember 2009 schoss Hannover 96 bei Borussia Mönchengladbach sechs Tore, verlor aber 3:5 – es waren drei Eigentore dabei.

1020. Drei Eigentore derselben Mannschaft in einem Spiel sind Bundesligarekord.

1021. Die Saison 1965/66 endete mit dem schlechtesten Absteiger der Bundesligageschichte: Tasmania Berlin kam auf 28 Niederlagen und nur zwei Siege.

1022. Einen der beiden Siege hatte Tasmania gleich am ersten Spieltag geschafft.

1023. Cacau, Stürmer vom VfB Stuttgart, hat seinen Spitznamen daher, dass er seinen richtigen Namen nicht hinbekommen hat: An seinem ersten Geburtstag sang er »Cacaudemir« statt »Claudemir«.

1024. Der Schwede Magnus Arvidsson hält den Weltrekord für den schnellsten Hattrick. Im November 1995 traf der Stürmer für den damaligen Zweitligisten IFK Hässleholm dreimal innerhalb von 89 Sekunden.

1025. Beim Spiel Frankreich gegen Kuwait bei der WM 1982 erzielte Frankreich ein Tor. Daraufhin stürmte der Präsident des kuwaitischen Verbandes, Prinz Fahed Al-Ahmad, mit einer seiner Ehefrauen wütend auf den Platz. Der russische Schiedsrichter Stupar, der zuvor auf Tor erkannt hatte, nahm den Treffer wieder zurück. Frankreich gewann trotzdem 4:1.

1026. Die Sowjetrussen weigerten sich bei der Qualifikation zur WM 1974, im Nationalstadion von Chile zu spielen, weil es kurz vorher Konzentrationslager und Hinrichtungsstätte gewesen war. Die Chilenen spielten gegen niemanden und schossen Bälle in ein leeres Tor, was vom Publikum frenetisch bejubelt wurde.

1027. Michael Ballack erzielte sowohl das erste als auch das letzte seiner 42 Tore in der Nationalmannschaft per Elfmeter.

1028. Sechs von 19 Weltmeisterschaften gewann der Gastgeber.

1029. Der kolumbianische Torwart René Higuita nahm 2005 an der TV Serie »Cambio Extremo« (»Extreme Verwandlung«) teil und unterzog sich vor laufender Kamera folgenden Schönheitsoperationen: Silikon-Kinn-Implantat, Fettabsaugen, Lidkorrektur, Chemisches Peeling, Nasen-OP.

1030. Das WM-Lied von 1974 heißt »Fußball ist unser Leben« und beginnt mit den Worten »Ha! Ho! Heja heja he!«.

1031. Wenn eine Heimmannschaft in der Bundesliga 1:0 führt, beträgt die Wahrscheinlichkeit nur 6,5 Prozent, dass sie das Spiel noch verliert. Geht die Auswärtsmannschaft 1:0 in Führung, beträgt die Wahrscheinlichkeit ihrer Niederlage 22 Prozent.

1032. Keine Mannschaft hat den jeweiligen WM-Gastgeber so oft geschlagen wie Deutschland, nämlich viermal (1962 Chile, 1982 Spanien, 1986 Mexiko, 2002 Südkorea).

1033. Der Bayern-Verteidiger Christian Lell fiel 2009 wegen einer Nagelbettentzündung aus, die er sich bei einer Pediküre zugezogen hatte.

1034. Jupp Heynckes, Trainer des FC Bayern München, war das letzte Mal 1989 im Kino. Er sah »Rain Man«.

1035. Der damalige Torwart von Steaua Bukarest, Helmut Duckadam, hielt im europäischen Pokalfinale 1986 gegen den FC Barcelona im Elfmeterschießen alle vier Elfmeter der Spanier. Dieser Rekord wurde erst 2010 durch Ciaran Kelly vom englischen Verein Sligo Rovers eingestellt.

1036. Frachtschiffe, die nach Bundesligisten benannt sind: Die schwarz-gelbe Borussia Dortmund (120 Meter, 7050 Tonnen), die grün-schwarz-rote Werder Bremen (121 Meter, 7100 Tonnen).

1037. Im Halbfinale der WM 1970 gegen Italien spielte Franz Beckenbauer ab der 65. Minute mit ausgerenkter Schulter. Das Auswechselkontingent war erschöpft.

1038. Der Mannschaftsarzt der Brasilianer ließ sich bei der WM 1962 von einem Freudenhaus im Spielort Vina del Mar schriftlich geben, dass die Mädchen gesundheitlich alle unbedenklich seien.

1039. Bei der WM 1934 wollten Österreicher und Deutsche in den gleichen Trikots spielen (Hosen schwarz, Trikots weiß). Die Deutschen mussten die Trikots wechseln – das wurde so ausgelost. Danach gewannen sie das Spiel 3:2.

1040. Kurz nach der Gründung von Borussia Dortmund am 19. Dezember 1909 verließen einige Mitglieder den Verein gleich wieder. Ihnen war angedroht worden, andernfalls aus der Kirchengemeinde ausgeschlossen zu werden.

1041. Hans-Joachim Abel verwandelte die meisten Bundesliga-Elfmeter ohne Fehlversuch: sechzehn Elfmeter, sechzehn Treffer.

1042. Thomas Broich trug den Spitznamen »Mozart«, seit er seinen damaligen Burghausener Mitspieler Stefan Reisinger im Auto mitnahm und dabei klassische Musik lief.

1043. Die Musik war allerdings nicht von Mozart, sondern von Carl Orff.

1044. Als Jürgen Klinsmann im Mai 1998 für Tottenham im Spiel gegen Wimbledon vier Tore erzielte, war er erst der fünfte Spieler in der Premier-League-Geschichte, der in einer Partie mehr als dreimal traf.

1045. Die Stadien der Londoner Erstligisten Queen's Park Rangers, Chelsea und Fulham befinden sich alle in einem Umkreis von drei Kilometern.

1046. Alan Shearer ist der Einzige, der in einer Premier-League-Saison fünfmal je drei Tore erzielte (1995/96 für Blackburn).

1047. Lothar Matthäus ist mit 150 Einsätzen deutscher Rekordnationalspieler.

1048. Lothar Matthäus trug in der deutschen Nationalmannschaft auch am häufigsten die Kapitänsbinde (75 Mal).

1049. Bei einem harten Kopfball wirkt eine Kraft auf den Kopf, die einem Gewicht von etwa 400 Kilo entspricht. Allerdings nur für 0,01 Sekunden.

1050. Franz Beckenbauers Onkel Alfons wurde 1932 Deutscher Meister mit dem FC Bayern München.

1051. Der höchste Sieg bei einer WM gelang Ungarn 1982 beim 10:1 gegen El Salvador.

1052. Auswechslungen wurden bei Weltmeisterschaften erst 1970 erlaubt.

1053. Manuel Neuer war 2010 der erste Torwart seit 44 Jahren, der bei einer WM einen Scorerpunkt bekam (er gab die Vorlage zum 1:0 gegen England durch Miroslav Klose).

1054. Bastian Schweinsteiger ist der einzige Deutsche, der bei einer WM wegen überzogenen Torjubels mit Gelb bestraft wurde (WM 2006, Spiel um Platz 3 gegen Portugal).

1055. Die Zwillinge Sven und Lars Bender spielten jahrelang in denselben Vereinen: TSV Brannenburg, Unterhaching, TSV 1860 München. Erst 2009 trennten sich ihre Wege: Sven wechselte nach Dortmund, Lars nach Leverkusen.

1056. In keiner der fünf europäischen Top-Ligen werden so viele Spieler wegen Torjubels verwarnt wie in der italienischen Serie A.

1057. Deutschland verlor sein erstes offizielles Länderspiel am 5. April 1908 mit 3:5 gegen die Schweiz.

1058. 54 Tore schossen Grafite und Edin Dzeko zusammen für den VfL Wolfsburg in der Saison 2008/09. Damit sind sie das torgefährlichste Sturmduo der Bundesligageschichte.

1059. Bis zur WM 1994 gab es bei Weltmeisterschaften nur Rote Karten, aber keine Gelb-Roten.

1060. Paul Breitner hält den Rekord für verwandelte Elfmeter in einer Spielzeit. In der Saison 1980/81 verwandelte er zehn Elfmeter bei zehn Versuchen.

1061. In der Saison 2010/11 erzielten die Frankfurter Stürmer Halil Altintop, Ioannis Amanatidis, Martin Fenin und Marcel Heller zusammen in 4157 Einsatzminuten genau so viele Tore wie Eigentore, nämlich jeweils eines.

1062. Raúl war 2010/11 der einzige Spieler der Bundesliga, der ein Tor mit seinem Hintern vorbereitete. Es war zugleich sein erster Assist in der Bundesliga.

1063. Der erfolgreichste Torschütze der DDR-Oberliga ist Joachim Streich (Hansa Rostock), der in 378 Spielen 229 Tore erzielte.

1064. Klaus Toppmöller ist mit 108 Treffern der beste Bundesligatorschütze in der Geschichte des 1. FC Kaiserslautern.

1065. Fünf Spieler in der Bundesliga haben es geschafft, vier Elfmeter in Folge zu verschießen (Marko Pantelic, Bruno Labbadia, Harry Decheiver und Jürgen Moll). Zuletzt gelang dies Nuri Sahin 2010/11. Mehr Elfmeter in Folge hat noch kein Spieler vergeben.

1066. Drei Mannschaften (Schalke 1971/72, Bayern 1972/73 und der VfL Wolfsburg 2008/09) haben 16 Heimspiele in einer Saison gewonnen.

1067. Alle 17 Heimspiele zu gewinnen, schaffte kein Verein.

1068. Die meisten Niederlagen in einer Saison kassierte Tasmania 1900 Berlin. In der Saison 1965/66 verloren die Berliner 28 ihrer 34 Saisonspiele.

1069. Tasmania Berlin kassierte auch die meisten Gegentore in einer Saison. 1965/66 mussten sie 108 Gegentore hinnehmen.

1070. Die WM 1962 in Chile gilt als eine der brutalsten. Nach den ersten acht Vorrundenspielen waren dreißig Spieler verletzt.

1071. Am 4. April 2010 bewarf der HSV-Stürmer Paolo Guerrero einen Fan mit einer Getränkeflasche. Er wurde für fünf Spiele gesperrt und musste hohe Geldstrafen zahlen.

1072. Der treueste Bundesligaspieler der Geschichte – gemessen an der Dauer der Vereinszugehörigkeit – ist Uwe Kamps. Er war von März 1983 bis Mai 2004 Torwart bei Mönchengladbach.

1073. Zlatan Ibrahimovic wurde in den vergangenen sieben Jahren sechsmal zu Schwedens Fußballer des Jahres gewählt.

TSV ECHING
GEGR. 1947

1074. Als optimale Länge eines Fußballrasen-Grashalms gelten 25 Millimeter.

1075. Von 1997 bis 2003 war Wolfgang Wolf Trainer des VfL Wolfsburg.

1076. Toni Schumacher war am 15. Dezember 1999 Trainer beim Zweitligisten Fortuna Köln. Beim Spiel gegen Waldhof Mannheim lag die Fortuna zur Pause 0:2 zurück. Der damalige Präsident Jean Löring kam in der Halbzeit in die Kabine und feuerte Schumacher. Auch das half nichts, die Fortuna verlor 1:5.

1077. Karl-Heinz Riedle spielt in seiner Freizeit Golf.

1078. Der einzige deutsche Schiedsrichter, der je ein WM-Endspiel leitete, war Rudi Glöckner 1970.

1079. Deutschland hat vier WM-Elfmeterschießen bestritten – und alle gewonnen.

1080. Der einzige Fehlschütze war Uli Stielike 1982.

1081. Italien ist das einzige Land, das jemals ohne Vorrundensieg Weltmeister wurde: 1982 hatte Italien dreimal unentschieden gespielt.

1082. Überhaupt hat kein Land bei Weltmeisterschaften öfter unentschieden gespielt als Italien: 21 Mal.

1083. Die Fahnenstangen der »Car-Flags«, die deutsche Fußballfans gern am Auto befestigen, überleben maximal 120 km/h.

1084. Der Totenkopf vom FC St. Pauli ist markenrechtlich geschützt.

1085. 7196 Tweets pro Sekunde – nie zuvor war bei Twitter so viel los wie beim Endspiel der Damenfußball-WM 2011 zwischen den USA und Japan.

1086. Vuvuzela heißt in der Sprache der Zulu »Krach machen«. Zudem soll der Klang dem Tröten eines Elefanten ähneln.

1087. Mädchen-Spitznamen im Fußball: »Barbie« (Thomas Strunz), »Tante Käthe« (Rudi Völler), »Inge« (Ingo Hertzsch), »Lisa« (Bixente Lizarazu), »Heulsuse« (Andreas Möller).

1088. Franco Foda, seinerzeit Spieler des 1. FC Kaiserslautern, wurde auf einer Südamerikareise der deutschen Nationalelf von brasilianischen Fans ausgelacht, als der Stadionsprecher seinen Namen verlas. »Foda« klingt wie ein derbes portugiesisches Wort für Geschlechtsverkehr, »Franco« bedeutet kostenlos.

1089. Als Vertreter von 75 Vereinen am 28. Januar 1900 in der Leipziger Gaststätte »Mariengarten« den DFB gründeten, gab es Sauerampfersuppe, Russischen Stör in Gemüsesulz, Rehbock und Leipziger Allerlei.

1090. Der Spitzname des dunkelhäutigen Stürmers Gerald Asamoah lautet »Blondie«. Er bekam ihn vom damaligen Schalke-Manager Rudi Assauer verpasst.

1091. Nachdem Deutschland bei der WM 1978 gegen Österreich 2:3 verloren hatte, veröffentlichte eine Zeitung die Nummer des Torschützen Ernst Krankl, bei dem daraufhin pausenlos das Telefon klingelte. Er bekam auch Morddrohungen.

1092. Mario Gomez benutzt vor jedem Spiel ausschließlich das Pissoir links außen.

1093. Bei den Panini-Bildchen der Frauen-WM war 2011 das Gewicht nicht mit angegeben – anders als bei den Männern.

1094. Ståle Solbakken (1. FC Köln) ist der erste Bundesligatrainer mit Herzschrittmacher.

1095. Jürgen Klopps Diplomarbeit in Sportwissenschaft hatte das Thema Walking.

1096. Eine Eckfahne muss mindestens 1,50 Meter hoch sein.

1097. Mehmet Scholl hat nie an einer WM teilgenommen.

1098. Im Juni 1933 bestritt Litauen gegen Schweden ein Qualifikationsspiel zur WM 1934. Das erfuhren die litauischen Spieler allerdings erst Jahre später. Aus Angst vor einer hohen Niederlage war ihnen offiziell gesagt worden, es handele sich um ein Freundschaftsspiel. Litauen verlor trotzdem 0:2.

1099. Um auf das heiße Klima der WM 1950 in Brasilien vorbereitet zu sein, ließ der englische Verband seine Nationalspieler in einer ehemaligen Flugzeughalle trainieren. Die Halle wurde mit Heißluft durchströmt, und die Spieler mussten dicke Sweatshirts tragen. England schied in der Vorrunde aus.

1100. Fußballmannschaften werden von hinten nach vorne jünger. Torhüter sind im Schnitt 27,1 Jahre alt, Verteidiger 26,2 Jahre, Mittelfeldspieler 25,6 Jahre und Stürmer 25,2 Jahre.

1101. Oliver Kahn sitzt in der Jury der Casting-Show »I never give up – the Kahn principle« im chinesischen Fernsehen.

1102. Der erste dokumentierte Trikottausch fand am 14. Mai 1931 statt. Damals siegte die französische Nationalmannschaft 5:2 über England. Als Andenken an das unvergessliche Spiel baten die Franzosen ihre Gegner um deren Trikots.

1103. Zwischen März und September 2005 gewann der FC Bayern 15 Spiele in Folge – Rekord in der Bundesliga.

1104. Die Londoner Zeitung »The Guardian« kürte Joachim Löw zu einem der bestgekleideten Menschen 2010 – unter anderem wegen der hohen Kunst, einen Schal richtig zu binden.

1105. In den vergangenen zehn Premier-League-Saisons spielte Boltons Kevin Davies 868 Mal foul. Kein anderer Spieler kam im englischen Oberhaus in diesem Zeitraum auf mehr als 550 Fouls.

1106. Im Alter von dreizehn Jahren zog Lionel Messi mit den Eltern nach Barcelona, um in die Fußballakademie La Masía einzutreten. Der erste Vertrag wurde in einem Straßencafé auf eine Papierserviette geschrieben.

1107. 70 Prozent aller Fußbälle werden in Sialkot (Pakistan) hergestellt.

1108. Pelé machte für ein Potenzmittel Werbung und sprach offen über Potenzprobleme.

1109. Die Fans von Manchester United sind im Clinch mit dem neuen Eigentümer ihres Clubs, der Glazer-Familie, der sie schwere Misswirtschaft vorwerfen. Aus Protest tragen sie nun nicht mehr die Clubfarben Rot-Schwarz, sondern Grün-Gold, die Farben des Vorgängerclubs von ManU.

1110. Der tschechische Nationalspieler Radoslav Kovac erhielt eine Gelbe Karte, weil er im Spiel gegen Spartak Moskau einen Fan, der über das Feld rannte, umgrätschte.

1111. Brasilien nahm als einziges Land an jeder WM teil.

1112. Rot-Weiß Essen wurde 1955 Deutscher Meister und nahm als erster deutscher Klub am Europapokal teil, gemeinsam mit dem saarländischen Meister Saarbrücken.

1113. Neunmal gewannen italienische Mannschaften den UEFA-Cup oder die Europa League. Keiner anderen Nation gelang dies so häufig.

1114. Oliver Kahn hat in der Bundesliga mit 118 die meisten Auswärtsspiele gewonnen.

1115. Zwischen Januar 1982 und Januar 1983 blieb der HSV 36 Mal in Folge ungeschlagen, so lange wie sonst keine Mannschaft in der Bundesliga.

1116. Als der 19-jährige Takashi Usami zum FC Bayern ging, engagierte der Verein einen japanischen Landsmann, der ähnlich jung war wie Usami, perfekt Deutsch sprach und extra von Köln nach München umzog. »Er kennt sich mit der Playstation aus, holt Takashi mit dem Auto ab und ist einfach ein Freund«, sagte der Bayern-Sprecher Markus Hörwick.

1117. Als der Ukrainer Anatolyi Timoschtschuk 2009 zum FC Bayern wechselte, nahm er einen Koch, eine Masseurin aus Thailand und einen eigenen Pressesprecher samt Familie mit.

1118. Seine höchste Europapokal-Niederlage kassierte der FC Valencia 1993 ausgerechnet bei einem Europapokal-Debütanten: Obwohl sie als Tabellenführer der Primera Division und mit einem 3:1-Hinspielsieg angereist waren, unterlagen die Spanier beim Karlsruher SC 0:7.

1119. Der FC Bayern ist der einzige Verein der Bundesliga, der in der Champions League fünfmal in Folge mindestens das Viertelfinale erreicht hat (1997/98 bis 2001/02).

1120. Am Ende der WM 2010 hatte Lukas Podolski mehr Tore für Deutschland (40) erzielt als in der Bundesliga (39).

1121. Vier deutsche Mannschaften standen im Halbfinale des UEFA-Cups 1979/80 (Bayern, Frankfurt, Mönchengladbach und Stuttgart). Das schaffte kein anderes Land in einem UEFA-Vereinswettbewerb, weder davor noch danach.

1122. Von 1976/77 bis 1981/82 gewannen englische Teams sechsmal in Folge den Pokal der Landesmeister (dreimal Liverpool, zweimal Nottingham Forest, einmal Aston Villa).

1123. Gerd Müller erzielte 14 Mal vier oder mehr Tore in einem Bundesligaspiel.

1124. 1990/91 stand in der Champions League beziehungsweise im Europapokal der Landesmeister zum bisher letzten Mal kein Team aus England, Spanien oder Italien unter den letzten vier.

1125. Manchester City stieg 1937/38 nicht nur als amtierender Meister in die Zweitklassigkeit ab, sondern auch mit der besten Offensive aller Teams (80:77 Tore).

1126. Pelé ist der jüngste Torschütze bei einer WM. Bei der WM 1958 erzielte er im Alter von 17 Jahren und 239 Tagen im Spiel gegen Wales ein Tor.

1127. Horacio Elizondo pfiff als einziger Schiedsrichter bei einer Weltmeisterschaft sowohl das Eröffnungsspiel als auch das Endspiel: 2006 leitete er die Partie Deutschland gegen Costa Rica (4:2) und das Finale Italien gegen Frankreich (5:3 im Elfmeterschießen).

GROSSE KUNST

> 1128. – 1141.

Wer sagt, dass Fußballspieler nichts können außer Fußballspielen?

BERTI VOGTS HATTE 1999 EINE NEBENROLLE IN EINEM TATORT MIT DEM TITEL »HABGIER«.

Titel der Autobiografie von **Claudia Effenberg,** der Exfrau von Stefan Effenberg: »Eigentlich bin ich ja ganz nett«.

TITEL DER AUTO-BIOGRAFIE DES EX-NATIONALSPIELERS **STEFAN EFFENBERG:** »ICH HAB'S ALLEN GEZEIGT«.

THOMAS HÄSSLER, EHEMALIGER DEUTSCHER NATIONALSPIELER, HAT DAS MUSIKLABEL MTM MITGEGRÜNDET, AUF DEM VOR ALLEM »CLASSIC ROCK« ERSCHEINT.

Der schwedische Fußballer Tomas Brolin nahm mit dem Eurodance-Musiker Dr. Alban und dem Tennisspieler Björn Borg 1999 die Single »Alla vi« auf.

Der Schmusesänger Julio Iglesias war Anfang der 60er-Jahre Torhüter der Juniorenmannschaft von Real Madrid.

Der Fußballreporter Ulli Potowski war in den 70ern Schlagersänger. Sein Hit als Ulli Mario: »Ich kann an keinem Girl vorübergehen«.

CARSTEN RAMELOW, EHEMALIGER MITTELFELDSPIELER VON BAYER LEVERKUSEN, NAHM 2005 DIE PLATTE »SING WHEN YOU ARE WINNING« AUF.

Reiner Calmund ist der Autor des 2011 erschienenen Buchs »Eine Kalorie kommt selten allein«.

Christian Pander (Hannover 96) firmiert als Rapper unter dem Künstlernamen »Funky Pee«.

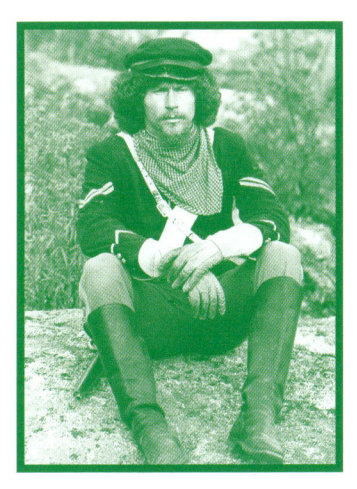

JAN SCHLAUDRAFF SINGT IM CHOR EINER REINHARD-MEY-PLATTE MIT. SCHLAUDRAFF: »MIT MODERNER TECHNIK WAR ES MÖGLICH, DASS MEINE STIMME NICHT SONDERLICH AUFFIEL.«

Die früheren Stuttgarter Profis Fredi Bobic, Marco Haber und Gerhard Poschner brachten unter dem Namen »Das Tragische Dreieck« einen Song namens »Steh auf (Eo Amama Eo)« heraus.

PAUL BREITNER SPIELTE 1976 IM WESTERN »POTATO FRITZ« MIT.

Pelé ist Autor des fiktionalen Buchs »The World Cup Murder«, in dem ein serbischer Trainer von Kommunisten erschossen wird.

1142. Der jüngste Spieler, der bei einer WM zum Einsatz kam, ist der Nordire Norman Whiteside. Er spielte bei der WM 1982 in Spanien im Alter von 17 Jahren und 42 Tagen gegen Jugoslawien.

1143. Seit 1958 wird bei der WM der beste Nachwuchsspieler ausgezeichnet. Es gelang erst zwei Spielern, sowohl bester Torschütze als auch bester Nachwuchsspieler beim selben Turnier zu werden (Florian Albert, Ungarn, 1962; Thomas Müller, 2010).

1144. Vier der fünf jüngsten Torschützen in der Geschichte der Bundesliga erzielten ihr erstes Tor für Borussia Dortmund.

1145. Jüngster ist Nuri Sahin (17 Jahre, 2 Monate und 21 Tage), gefolgt von Lars Ricken, Ibrahim Tanko und Marc-André Kruska.

1146. Nuri Sahin ist auch der jüngste Bundesligaspieler, der je eine Gelbe Karte gesehen hat: gleich in seinem ersten Spiel auswärts beim VfL Wolfsburg.

1147. Tomasz Hajto sah bereits im 139. Bundesligaspiel seine 50. Gelbe Karte. So schnell war sonst kein Spieler. Zum Vergleich: Karl-Heinz Körbel sah seine 50. Gelbe Karte nach 577 Spielen.

1148. Pablo Forlan und Jean Djorkaeff spielten in der WM-Partie Uruguay und Frankreich 1966 gegeneinander – genau wie bei der WM 2002 ihre Söhne Diego und Youri.

1149. Je weiter eine Mannschaft zu einem Auswärtsspiel reisen muss, desto mehr Tore kassiert sie im Schnitt.

1150. Weil er mit den Fangesängen der feindlichen Mannschaften nicht einverstanden war, beschallte ein Mitarbeiter der TSG Hoffenheim die gegnerische Fankurve mit einem selbst gebauten Lautsprecher. Mehrere Fans erlitten Gehörschäden.

1151. Manuel Neuer trägt eine 1595 Euro teure »Dental-Power-Splint-Schiene«. Sie soll verhindern, dass es zu Muskelverspannungen kommt, und gleichzeitig Kraft und Ausdauer steigern.

1152. Auch Neuers älterer Bruder Marcel steht regelmäßig auf dem Fußballplatz: Der Theologiestudent pfeift als Schiedsrichter.

1153. Der Durchmesser eines Fußballs beträgt 22 Zentimeter.

1154. Kim Kwang Min, Trainer der nordkoreanischen Frauen-Nationalelf, behauptete nach dem 0:2 gegen die USA, die Niederlage sei einem früheren Unfall geschuldet: Fünf Spielerinnen, darunter auch die Torhüterin, hätten nach einem Blitzschlag ins Krankenhaus eingeliefert werden müssen. Auch die gesamte Verteidigung habe einen elektrischen Schock erlitten.

1155. Bastian Schweinsteiger war als Jugendlicher Mitglied des Deutschen Skinationalkaders.

1156. Er fuhr so gut Ski, dass er in Rennen gegen einen der heute besten Skifahrer Deutschlands, Felix Neureuther, antrat.

1157. Als sie für die »taz« von der WM 1990 in Italien berichteten, wurden die Toten Hosen kurz vor dem Spiel Belgien gegen Südkorea in Verona verhaftet, weil sie 200 Kassetten ihrer Coverversion von »Azzurro« im Auto hatten.

1158. Die Niederlande bestritten das WM-Finale 2010 mit den Rückennummern eins bis elf. Das hatte es seit der Einführung der Rückennummern 1954 nie in einem WM-Finale gegeben.

1159. Im Achtelfinale der WM 2006 gab es im Spiel Portugal gegen die Niederlande vier Platzverweise, so viele wie in keinem anderen WM-Spiel vorher oder nachher.

1160. Marylin Monroe war einen Tag lang das Maskottchen von Hapoel Tel Aviv.

1161. Argentinien hält den Rekord für Gelbe Karten in einem WM-Turnier: 1990 waren es 23.

1162. Hugo Almeida erzielte 2007 im Spiel Bremen gegen Stuttgart für Werder zwei Tore in nur 44 Sekunden – Ligarekord.

1163. Von allen Bundesligisten musste der 1. FC Saarbrücken am längsten auf den ersten Sieg in einer Saison warten, nämlich bis zum 13. Spieltag (1963/64). Saarbrücken stieg als Letzter ab.

1164. Jörgen Pettersson, ehemaliger Stürmer von Borussia Mönchengladbach und dem 1. FC Kaiserslautern, ist Frontmann der schwedischen Band Soulsweeper.

MEGA CRÉDITO
MEGACRÉDITO
MEGA CRÉDITO
MEGA CRÉDITO
MEGA CRÉDITO
ENERGIA DE LA GENTE
YORK

1165. Gerd Müller schaffte es in der Bundesliga 32 Mal, in einem Spiel drei Tore zu erzielen – mit Abstand Rekord.

1166. Volker Finke ist der einzige Trainer in der Bundesligageschichte, der mit seinem Verein (SC Freiburg) dreimal auf- und dreimal abstieg.

1167. Der älteste jemals eingesetzte Spieler der Bundesliga war Klaus Fichtel mit 43 Jahren, sechs Monaten und zwei Tagen.

1168. Bis 1912 durften Torhüter den Ball in der gesamten eigenen Hälfte mit der Hand berühren.

1169. Jupp Heynckes schoss in seinem letzten Bundesligaspiel fünf Tore – beim 12:0 von Borussia Mönchengladbach 1978 gegen Borussia Dortmund.

1170. In der Saison 1972/73 hatte der FC Bayern eine Tordifferenz von +64 (93:29 Tore). Kein Bundesligateam hatte jemals eine bessere Tordifferenz.

1171. Der erste Platzverweis der Bundesliga traf Helmut Rahn (MSV Duisburg) am 4. Spieltag der Saison 1963/64 beim Spiel von Duisburg gegen Hertha BSC.

1172. Gerd Müller ist der einzige Bundesligaspieler, der vier Tore in einer Partie schoss und sie trotzdem nicht gewann: beim 5:5 zwischen Schalke und den Bayern 1973.

1173. Der FC Bayern wurde in der Saison 1973/74 trotz 53 Gegentoren Deutscher Meister. Kein Meister in der Geschichte der Bundesliga hatte jemals so viele Gegentore. Allerdings erzielten die Bayern in jener Saison auch 95 Tore.

1174. In der Saison 2010/11 erzielte Papiss Demba Cissé (SC Freiburg) 54 Prozent der Freiburger Tore. Einen so hohen Anteil an den Toren hatte sonst noch kein Bundesligaspieler.

1175. Zehn offizielle Eröffnungsspiele gab es bisher in der Bundesliga – keines hat der jeweilige Meister verloren (sieben Siege, drei Remis).

1176. Das Eröffnungsspiel einer Bundesligasaison endete noch nie 0:0.

1177. Von allen Feldspielern mit mindestens zehn Bundesligatoren ist Filip Daems (Mönchengladbach) der einzige, der alle seine Tore per Elfmeter erzielte.

1178. Niemand saß in der Bundesliga häufiger als Trainer auf der Bank als Otto Rehhagel (820 Mal).

1179. Schalke 04 hat den höchsten Finalsieg der DFB-Pokal-Geschichte erzielt, und das gleich zweimal: 1972 besiegten die Schalker im Finale Kaiserslautern 5:0, und 2011 gewannen sie mit dem gleichen Ergebnis gegen den MSV Duisburg.

1180. Die meisten Tore in einem EM-Spiel fielen 1960 im Halbfinale Jugoslawien gegen Frankreich. Jugoslawien gewann 5:4.

1181. Die Quote der verwandelten Elfmeter liegt in der ersten Halbzeit bei fast 83 Prozent, in der zweiten Halbzeit bei 78 Prozent. In den letzten zehn Minuten sinkt die Quote auf 73 Prozent.

1182. Die meisten Tore in einem DFB-Pokal-Spiel erzielte der FC Bayern 1997 beim 16:1 gegen die DJK Waldberg.

1183. Vor seiner Fußballkarriere war Hans-Peter Briegel Leichtathlet. Im Weitsprung schaffte er 7,48 Meter.

1184. Die meisten Tore bei einer WM erzielte Just Fontaine. Bei der WM 1958 in Schweden erzielte er in 6 Partien 13 Treffer.

1185. Uwe Seeler ist der einzige Spieler, der bei vier aufeinanderfolgenden WM-Turnieren jeweils mindestens zwei Tore erzielte (1958 bis 1970).

1186. Cafu (Brasilien) feierte die meisten Siege bei einer WM. 16 Mal gewann er mit Brasilien ein Spiel bei einer Weltmeisterschaft.

1187. Der Elfmeter, den der Tscheche Antonin Panenka im EM-Finale 1976 gegen Deutschland lässig in die Mitte des Tores lupfte, war der neunte, den er in jener Saison auf diese Art verwandelte.

1188. Bei der Wahl zum »Tor des Jahres« in Deutschland 1994 belegte Bernd Schuster (Bayer Leverkusen) die Plätze eins bis drei.

1189. Zwei Wochen vor der WM 1970 in Mexiko wurde der englische Kapitän Bobby Moore in Kolumbien festgenommen. Er sollte ein juwelenbesetztes Armband im Wert von 600 Pfund aus einer Hotellobby gestohlen haben. Moore kam nach vier Tagen frei. Es stellte sich heraus, dass er in eine Falle von Erpressern geraten war.

1190. Die brasilianischen Nationalspieler wurden nach ihrem WM-Triumph 1970 in ihrem Heimatland lebenslang von der Steuerpflicht befreit.

1191. Im WM-Finale 2006 standen acht Spieler von Juventus Turin – Rekord. Fünf spielten für Italien, drei für Frankreich.

1192. Der dänische Stürmer Michael Laudrup erzielte zwei WM-Tore – im Abstand von zwölf Jahren und sechzehn Tagen.

1193. Der FC Bayern hat die beste Hinrunde in der Geschichte der Bundesliga gespielt. In der Saison 2005/06 holten die Bayern in 17 Spielen 44 Punkte. Dortmund kam 2010/11 auf 43 Punkte.

1194. Die längste Serie ohne eigenes Tor hält der 1. FC Köln: zehn Spiele in Folge (2001/02).

1195. Der 1. FC Köln ist das einzige Team in der Geschichte der Bundesliga, das trotz dreier Platzverweise gewonnen hat. 2001 gewannen die Kölner in Bochum 3:2, obwohl sie in der 34. Minute den ersten Platzverweis und in der 82. und 85. den zweiten und dritten kassiert hatten.

1196. Bochum hatte nach 31 Minuten noch 2:0 geführt.

1197. Friedhelm Konietzka (Borussia Dortmund) erzielte am 24. August 1963 im Spiel gegen Werder Bremen das erste Tor der Bundesligageschichte.

1198. Peter Kursinski (VfL Bochum) und Lothar Zeh (Tasmania Berlin) sind die einzigen Spieler der Bundesliga, die ihre ersten zehn Partien verloren haben.

LIEBE
> 1199. – 1213.

»Vom Feeling her ein gutes Gefühl«: So geht es nicht nur Andreas Möller.

Miroslav Klose lernte seine spätere Frau Sylwia im Fanshop des 1. FC Kaiserlautern kennen.

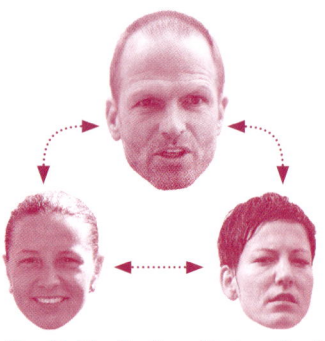

DER MITTELFELDSPIELER MESUT ÖZIL WAR ANDERTHALB JAHRE MIT **ANNA-MARIA LAGERBLOM** ZUSAMMEN, DER SCHWESTER VON SARAH CONNOR. JETZT IST SIE MIT BUSHIDO ZUSAMMEN.

Der Fußballtrainer **Holger Fach** begann 2005 eine Affäre mit der Nationalspielerin **Inka Grings,** die damals noch mit der Nationalspielerin **Linda Bresonik** liiert war. Nicht viel später verließ Fach Grings und war daraufhin mit Bresonik zusammen.

Philipp Lahm hat seiner Freundin an Weihnachten 2009 einen Heiratsantrag gemacht.

Die Frau von Lukas Podolski heißt Monika Puchalski und kommt auch aus Polen.

THOMAS MÜLLER HAT SEINER FREUNDIN NACH DER CHRISTMETTE 2008 EINEN HEIRATSANTRAG GEMACHT.

Bei einem Länderspiel zwischen Deutschland und Tunesien im Jahr 2005 rannte ein junger Mann aus dem Publikum aufs Spielfeld, fiel **Jens Lehmann** um den Hals und hauchte ihm »Ich liebe dich« ins Ohr.

> Berti Vogts lernte seine spätere Frau über Helmut Schön kennen.

Auf der Hochzeit von Philipp Lahm hat Reinhard Fendrich eine Stunde lang gesungen, unter anderem das Lied »Weus'd a Herz hast wia a Bergwerk«.

Auf der Hochzeit von **Michael Ballack** hat **Elton John** anderthalb Stunden lang gesungen und die **Nationalhymne** auf dem Klavier angestimmt.

MICHAEL OENNING, EX-TRAINER IN HAMBURG UND NÜRNBERG, WAR 1997 KANDIDAT IN DER KUPPELSENDUNG »HERZBLATT«. DORT STELLTE ER SICH ALS »MAD AUS MÜNSTER« VOR. ZU DER ZEIT WAR ER ALLERDINGS SCHON MIT SEINER HEUTIGEN FRAU VERONIQUE LIIERT.

Nach dem blamablen Vorrunden-Aus seiner Mannschaft bei der EM 2008 hielt Frankreichs Trainer **Raimond Domenech** es für eine gute Idee, seiner Partnerin live im französischen Fernsehen einen Heiratsantrag zu machen.

WEIL DER IRANISCHE SPIELER **MOHAMMAD NOSRATI** SEINEM TEAMKOLLEGEN SHEY REZAEI 2011 NACH EINEM TREFFER SEINER MANNSCHAFT IM TORJUBEL AN DEN PO GEFASST HATTE, WURDEN BEIDE SUSPENDIERT.

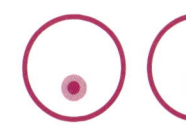

JEDER SPIELER DES FC KOPENHAGEN BEKOMMT PRO SIEG ZWEI **PORNO-DVDS** VON EINEM SPONSOR.

Franck Ribéry konvertierte für seine Frau Wahiba zum Islam.

1214. Der SSV Ulm kassierte die meisten Platzverweise in einem Bundesligaspiel. 1999 zeigte der Schiedsrichter Herbert Fandel den Ulmern zweimal Rot und zweimal Gelb-Rot. Zudem mussten Trainer Andermatt und Manager Steer auf die Tribüne. Ulm verlor das Spiel bei Hansa Rostock 1:2.

1215. Die USA kassierten bei der WM 2010 in vier Spielen drei Gelbe Karten wegen Handspiels.

1216. Erst sieben Mal gab es einen Bundesligaspieltag, an dem alle neun Heimspiele gewonnen wurden – zuletzt am 19. Spieltag der Saison 1989/90.

1217. Die meisten Auswärtssiege an einem Spieltag gab es in der Saison 2010/11. Am 2. Spieltag siegte in neun Partien sieben Mal das Auswärtsteam.

1218. Frank Rost spielt in seiner Freizeit Golf.

1219. Italien zog bei der EM 1968 durch einen Münzwurf ins Finale ein. Nach 120 Minuten hatte es 0:0 gegen die Sowjetunion gestanden, und das Elfmeterschießen gab es noch nicht.

1220. Jörg Butt traf am 29. Spieltag der Saison 2003/04 per Elfmeter zum 3:1 für Leverkusen auf Schalke. Während er jubelnd in Richtung seines Tores lief und mit praktisch jedem Mitspieler abklatschte, schoss Mike Hanke vom Anstoßpunkt über Butt hinweg zum 2:3 ein. Das war aber auch der Endstand.

1221. Jogi Löw erreichte seinen 50. Sieg als Bundestrainer im 72. Länderspiel. So schnell erreichte noch kein deutscher Nationaltrainer diese Marke.

1222. Überhaupt haben nur vier Bundestrainer fünfzig Siege geschafft (Jogi Löw, Berti Vogts, Helmut Schön, Sepp Herberger).

1223. Erich Ribbeck ist der einzige Nationaltrainer Deutschlands, der weniger als die Hälfte der Spiele gewann (10 von 24).

1224. Karl-Heinz Schnellinger bestritt mehr Länderspiele (47) als Bundesligaspiele (19).

1225. Michael Ballack schoss in der Nationalmannschaft zehn Elfmetertore, so viele wie kein anderer Spieler in der Geschichte der Nationalmannschaft.

1226. Arne Friedrich, Thomas Helmer und Oliver Kahn sind die einzigen Spieler, denen in der Nationalmannschaft je zwei Eigentore unterliefen.

1227. Gegen kein anderes Land kassierte Deutschland in seiner Länderspielgeschichte mehr Gegentore als gegen England (67).

1228. Häufigster Länderspielgegner von Deutschland war die Schweiz – 50 Mal trafen die beiden Nationen bereits aufeinander.

1229. Kein Spieler erzielte in einem Spiel so schnell hintereinander zwei Eigentore wie Nikolce Noveski (Mainz). 2005 erzielte er im Spiel gegen Eintracht Frankfurt in der 4. Minute das erste und in der 6. Minute das zweite Eigentor.

1230. Danach traf Noveski auch noch zum 1:2 ins Frankfurter Tor. Das Spiel endete 2:2.

1231. Bei der WM 2010 nominierte der nordkoreanische Trainer einen Stürmer als Torwart, um mehr Variationsmöglichkeiten im Sturm zu haben.

1232. Die FIFA ließ diesen Trick allerdings nicht zu und verwies darauf, dass als Torwart nominierte Spieler auch nur als Torhüter eingesetzt werden dürfen.

1233. Bei der WM 2006 in Deutschland gab es 28 Platzverweise, so viele wie sonst bei keiner WM.

1234. Ganze 19 Mal blieb Oliver Kahn in der Bundesligasaison 2001/02 beim FC Bayern ohne Gegentor, so oft wie kein anderer Torwart.

1235. Kein Spieler wurde in einer Saison so oft ausgewechselt wie René Eijkelkamp 1997/98 (26 Mal).

1236. Markus Feldhoff (1995/96) und Roberto Pinto (2005/06) wurden je 28 Mal in einer Saison eingewechselt, so oft wie sonst niemand.

1237. Dieter Müller erzielte die meisten Tore in einem Spiel in der Bundesliga. Beim 7:2-Erfolg seiner Kölner gegen Werder Bremen im Jahr 1977 traf er sechs Mal.

1238. Der TSV 1860 München war der erste Klub, dem der direkte Durchmarsch von der Drittklassigkeit in die Bundesliga gelang. 1992/93 spielte der TSV noch in der Bayernliga, 1994/95 in der Bundesliga.

1239. Der Spieler mit den meisten Gelben Karten in einer Saison ist Tomasz Hajto (damals MSV Duisburg). Er kassierte in der Saison 1998/99 stolze 16 Verwarnungen.

1240. Eintracht Braunschweig wurde 1966/67 Deutscher Meister und erzielte dabei nur 49 Treffer in 34 Spielen. Kein Team in Deutschland wurde jemals mit weniger Toren Meister.

1241. Der FC Bayern kassierte die höchste Auftaktpleite in der Geschichte der Bundesliga. In der Saison 1974/75 verloren die Bayern am 1. Spieltag gegen Kickers Offenbach 0:6. In der Saison zuvor hatten sie den Pokal der Landesmeister und die Meisterschaft gewonnen. Außerdem standen sechs Spieler im Kader, die kaum zwei Monate zuvor die WM gewonnen hatten.

1242. Arminia Bielefeld und der 1. FC Nürnberg sind am häufigsten in die Bundesliga aufgestiegen (je sieben Mal).

1243. Der SV Waldhof Mannheim hält den Rekord für die längste Unentschieden-Serie. In der Saison 1984/85 spielte Mannheim acht Partien in Folge remis.

1244. Die längste Niederlagenserie hat der 1. FC Nürnberg aufgestellt. Der Club verlor (saisonübergreifend) vom 24. März 1984 bis zum 10. August 1985 elfmal in Folge bei einem Torverhältnis von 9:37.

1245. Nur der Hamburger SV (2001/02) und der FC Bayern München (1981/82) verloren zwei Bundesligaspiele in Folge, obwohl sie in beiden Partien jeweils drei Tore erzielten.

1246. Diego Klimowicz sah alle seine vier Platzverweise in der Bundesliga vom Schiedsrichter Lutz Wagner.

1247. Alle diese vier Spiele endeten 1:1.

1248. Preußen Münster ist von allen Gründungsmitgliedern der Bundesliga der einzige Klub, der nur die erste Saison in der Bundesliga spielte.

1249. Helmut Haller nahm für Deutschland an drei Weltmeisterschaften teil (1962, 1966, 1970), bestritt aber nie ein Spiel in der Bundesliga. Er spielte in Italien für Bologna und Juventus Turin sowie für den FC Augsburg in der 2. Liga.

1250. Michael Lameck ist der einzige Spieler, der mehr als 500 Bundesligaspiele bestritten hat (genau 518), ohne je ein Länderspiel absolviert zu haben.

1251. Der einzige Spieler, der in einem Auswärtsspiel in der Bundesliga fünf Tore erzielte, war Jürgen Klinsmann. 1986 gewann er mit dem VfB Stuttgart 7:0 bei Fortuna Düsseldorf.

1252. Uwe Seeler spielt in seiner Freizeit Golf.

1253. Das schnellste Tor der WM-Geschichte schoss der Türke Hakan Sükür 2002 gegen Südkorea – nach knapp elf Sekunden.

1254. Erst einmal schaffte es in der Bundesliga der Bruder eines ehemaligen Torschützenkönigs, ebenfalls Torschützenkönig zu werden: Klaus Allofs erzielte 1978/79 (22 Tore) und 1984/85 (26 Tore) die meisten Treffer – und sein Bruder Thomas in der Saison 1988/89 (17 Tore).

1255. Die WM 2006 ist die einzige ohne einen Hattrick.

1256. Der Argentinier Gabriel Batistuta ist der einzige Spieler, dem bei zwei Weltmeisterschaften jeweils ein Hattrick gelang: 1994 und 1998.

1257. Luisito Monti verlor 1930 das Weltmeisterschaftsfinale mit Argentinien – und wurde 1934 mit Italien Weltmeister. Monti besaß die doppelte Staatsbürgerschaft.

1258. Die längsten Spielernamen der WM-Geschichte: Lefter Kücükandonyadis (1954, Türkei) und Jan Vennegoor of Hesselink (2006, Niederlande).

1259. Der Kroate Josip Simunic bekam bei der WM 2006 gegen Australien drei Gelbe Karten. Erst dann schickte ihn der schusselige Schiedsrichter Graham Poll vom Feld.

1260. Das »Wunder von Bern« 1954 war das bisher einzige WM-Finale, das bei Regen stattfand.

1261. Seit der WM 1994 ging die Zahl der Tore pro Spiel bei jeder WM weiter nach unten (von 2,71 Toren pro Spiel 1994 auf 2,27 bei der WM 2010).

1262. Die meisten Tore bei einer EM schoss Michel Platini. 1984 traf er neunmal. Es sind auch seine einzigen EM-Tore.

1263. Deutschland und die Niederlande haben die meisten Tore bei Europameisterschaften erzielt, nämlich jeweils 55.

1264. Die Kirche »Iglesia Maradoniana« zu Ehren von Diego Maradona hat weltweit 40 000 Anhänger.

1265. Zwei Spieler teilen sich den Rekord, je sechzehn Spiele bei Europameisterschaften bestritten zu haben: Liliam Thuram (Frankreich) und Edwin van der Sar (Niederlande).

1266. Im günstigsten Fall wird der Ball bei einem Schuss doppelt so schnell wie der Fuß, der ihn trifft.

1267. Die maximal mögliche Schussgeschwindigkeit liegt bei etwa 120 Stundenkilometern.

1268. Oliver Kahn heißt mit zweitem Vornamen Rolf.

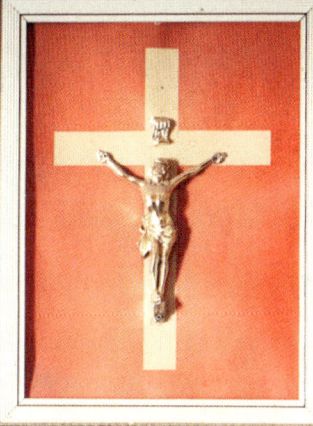

COPAS 2007

BOCA JUNIOR

REY DE COPAS 16

SEÑOR CLIENTE

QUIEN NO EMITE COMPROBANTE, NO PAGA SUS IMPUESTOS
EXIJA COMPROBANTE CUANDO REALICE UNA COMPRA

DENUNCIE AL COMERCIO ILEGAL
0800 555 5599

1269. Wegen des Gewichts ist es deutlich einfacher, die Flugbahn einer Kanonenkugel zu berechnen als die eines Fußballs.

1270. Das längste Fußballspiel der Welt war ein Benefizspiel von 36 englischen Spielern. Es dauerte 35 Stunden und endete 333:293.

1271. Weil ein 18-Jähriger in Marokko »Gott, Vaterland, Barça« in seiner Schule an die Tafel geschrieben hatte (eine Verballhornung der patriotischen Losung »Gott, Vaterland, König«), wurde er zu 18 Monaten Haft verurteilt.

1272. Gerd Müller erzielte die meisten Tore in einer Bundesligasaison: 40 Treffer in der Saison 1971/72.

1273. Das Trikot, mit dem Paul Gascoigne, der im WM-Halbfinale 1990 gegen Deutschland wegen eines Fouls vom Platz gestellt worden war, seine Tränen abwischte, wurde 14 Jahre später für 42 000 Euro versteigert.

1274. Bulgarien ist das einzige Team, das bei einer WM zwei Eigentore erzielte: 1966 in der Vorrunde.

1275. Im WM-Finale 1966 wurden mehr als dreimal so viele Torschüsse (68) abgegeben wie 2006 (20).

1276. Das 1:4 im Achtelfinale der WM 2010 gegen Deutschland war die höchste Niederlage der Engländer bei einer WM.

1277. Ramon Quiroga (Peru) ist der einzige Torhüter in der Geschichte der WM, der für ein Foul in der gegnerischen Hälfte verwarnt wurde (1978 gegen Polen).

1278. Diego Maradona war bei der WM 1986 an 71 Prozent der argentinischen Tore direkt beteiligt (10 von 14). Er erzielte fünf Tore selbst und bereitete fünf weitere vor.

1279. Im Gegensatz zur WM der Männer fand die Frauen-WM schon zweimal in Folge im selben Land statt: 1999 und 2003 waren die USA Ausrichter der WM.

1280. 2003 sprangen die USA wegen SARS für China ein.

1281. Andreas Thom war der erste Spieler der ehemaligen DDR, der für die vereinte deutsche Nationalmannschaft ein Tor erzielte (19. Dezember 1990, das Tor zum 3:0 gegen die Schweiz).

1282. Die meisten Tore in der Bundesliga gab es in der Saison 1983/84 mit 1097 Treffern.

1283. Die wenigsten Bundesligatore fielen in der Saison 1989/90. Es waren 790.

1284. Christoph Metzelder spielt in seiner Freizeit Golf.

1285. Der MSV Duisburg feierte den höchsten Auswärtssieg der Bundesligageschichte. Am 27. Spieltag der Saison 1965/66 gab es einen 9:0-Sieg bei Tasmania Berlin.

1286. Paschalis Seretis ist der Spieler mit den meisten Bundesligaspielen, ohne eine einzige Partie über 90 Minuten bestritten zu haben. In 36 Einsätzen für Freiburg (1993 bis 1997) wurde er 32-mal ein- und 4-mal ausgewechselt.

1287. Franz Beckenbauer ist einer von sechs Spielern der Bundesliga, denen an zwei aufeinanderfolgenden Spieltagen jeweils ein Eigentor unterlief. Die anderen sind Dieter Feller, Vlado Kasalo, Andreas Gielchen, Uwe Kliemann und Per Röntved.

1288. Per Röntved gehört zudem zu jenen sechs Bundesligaspielern, die in einer Begegnung zwei Eigentore schossen – neben Dieter Bast, Karim Haggui, Nikolce Noveski, Dieter Pulter und Gerd Zimmermann.

1289. Bei sieben der vergangenen acht WM-Turniere fielen im Spiel um Platz 3 mehr Tore als im Finale.

1290. Borussia Mönchengladbach gewann von den vergangenen zwanzig Bundesligaheimspielen gegen Bayer Leverkusen kein einziges. Das ist die längste Serie ohne Heimsieg in einem direkten Duell, die es je in der Bundesliga gab.

1291. Nicht nur nach der Zahl der Spiele (602), sondern auch nach Einsatzminuten ist Karl-Heinz Körbel (Eintracht Frankfurt) Rekordhalter der Bundesliga. Er stand 53 306 Minuten auf dem Platz – das sind fünf Wochen, zwei Tage und 26 Minuten.

1292. Von April 1970 bis Mitte September 1974 blieb der FC Bayern in 74 Bundesligaheimspielen in Folge ungeschlagen, länger als je ein anderes Bundesligateam. Die Serie endete mit einem 0:2 gegen Schalke 04.

1293. Patrick Owomoyela (Borussia Dortmund) trat mal als Rapper in einer ZDF-Weihnachtssendung auf, ist gelernter Gas- und Wasserinstallateur und spielte in der Basketball-Regionalliga.

1294. Bei jeder WM hatte mindestens ein Teilnehmer einen ausländischen Trainer. Keines dieser Teams gewann den Titel.

1295. In der Saison 1985/86 gab es 17 Elfmeter gegen Hannover 96, 14 wurden verwandelt. Kein anderes Team in der Geschichte der Bundesliga hat mehr als 12 Elfmeter innerhalb einer Saison verursacht.

1296. Das Team mit den meisten zugesprochenen Elfmetern ist der HSV 1998/99. Zehn von vierzehn verwandelte der HSV.

1297. Louis van Gaal trägt den Ehrentitel »Ritter von Oranien-Nassau«, der vom niederländischen Königshaus verliehen wird.

1298. Uli Stein spielt in seiner Freizeit Golf.

1299. Weil beide Trainer des WM-Finals 1978, César Luis Menotti (Argentinien) und Ernst Happel (Niederlande), starke Raucher waren, wurde für sie ein übergroßer Aschenbecher an der Seitenlinie aufgestellt.

1300. Der Däne Ebbe Sand schoss das schnellste WM-Tor eines Einwechselspielers: Nach sechzehn Sekunden auf dem Platz traf er 1998 gegen Nigeria.

1301. Bei der WM 2010 schoss Portugal sieben Tore in vier Spielen – allerdings alle beim 7:0 gegen Nordkorea.

1302. Olaf Thon spielt in seiner Freizeit Golf.

1303. Schraubstollen und Nocken an Fußballschuhsohlen sind asymmetrisch angeordnet, da so mehr Halt zustande kommt und sich die Schuhsohlen besser von allein reinigen.

1304. Die Torlinie muss genauso breit sein wie die Pfosten und die Latte, höchstens zwölf Zentimeter.

1305. Gerd Müller wurde siebenmal Torschützenkönig der Bundesliga, so oft wie kein anderer.

1306. Kein Team stand so früh als Deutscher Meister fest wie die Bayern. Zweimal (1972/73 und 2002/03) war die Meisterschaft bereits nach dem 30. Spieltag entschieden.

1307. Die meisten Jokertore (neun) in einer Bundesligasaison erzielte Ioan Viorel Ganea vom VfB Stuttgart 2002/03.

1308. Der einzige Verein, der in einer Bundesligasaison kein Auswärtsspiel verloren hat, ist der FC Bayern München (1986/87: sechs Siege, elf Unentschieden).

1309. Der jüngste deutsche Nationalspieler war Willy Baumgärtner 1908 im Alter von 17 Jahren und 104 Tagen.

1310. Brasilien trat 1958 erstmals mit einer ethnisch gemischten Mannschaft zur WM an – und wurde prompt Weltmeister.

1311. 1969 lösten Ausschreitungen bei einem WM-Qualifikationsspiel zwischen Honduras und El Salvador einen viertägigen Krieg aus, in dessen Verlauf 2000 Menschen starben.

1312. Im WM-Halbfinale zwischen Italien und Argentinien 1990 überzog der Schiedsrichter Michel Vautrot die erste Halbzeit der Verlängerung um acht Minuten, weil er die Zeit vergessen hatte.

1313. Die ersten Dopingkontrollen der Bundesliga wurden am 27. August 1984 vorgenommen, und zwar bei den Spielen 1. FC Köln gegen den Karlsruher SC und Waldhof Mannheim gegen Werder Bremen.

1314. Der älteste Trainer der EM-Geschichte ist Luis Aragones. Bei seinem letzten Spiel stand er kurz vor seinem 70. Geburtstag. Es war das Finale 2008, das Spanien gegen Deutschland gewann.

1315. Der Vater von Wayne Rooney war Amateurboxer.

1316. Der schlechteste Zweitligatrainer in der Geschichte des Karlsruher SC (bei mindestens zehn Spielen) war Joachim Löw in der Saison 1999/2000, der in 18 Partien durchschnittlich 0,56 Punkte pro Spiel holte.

1317. Gerd Müllers Lieblingsgegner war der Hamburger SV, gegen den er 27 Mal in der Bundesliga traf. Kein anderer Bundesligaspieler traf gegen einen Verein mehr als 20 Mal.

1318. Müller erzielte auch gegen Kaiserslautern (23) und Duisburg (22) mehr als 20 Tore.

1319. Fünf Spieler erzielten bei ihrem Bundesligadebüt drei Tore: Martin Fenin (Eintracht Frankfurt), Olaf Marschall (Dynamo Dresden), Hermann Ohlicher (VfB Stuttgart), Adhemar (VfB Stuttgart) und Engelbert Kraus (1860 München).

1320. 2010/11 war Bayern München der »Ossi-Klub« in der Bundesliga: Kein anderer Verein lag so weit östlich wie München.

1321. Deutschland stellte bei der Qualifikation zur EM 2012 einen neuen DFB-Rekord auf: Das deutsche Team gewann alle zehn Spiele.

1322. Eintracht Braunschweig stieg in der Saison 1986/87 aus der 2. Liga ab. Das Besondere dabei: Die Braunschweiger hatten ein positives Torverhältnis (+5, 52:47).

1323. Südafrika war 2010 der erste Gastgeber einer WM, der schon in der Vorrunde ausschied.

1324. Bonn ist die größte deutsche Stadt, die noch nie einen Verein in der Bundesliga gestellt hat.

1325. Borussia Mönchengladbach erzielte in der gesamten Hinrunde der Saison 1996/97 kein Auswärtstor (Torverhältnis in den neun Auswärtsspielen: 0:18).

1326. Die meisten Länderspiele als Bundestrainer bestritt Sepp Herberger: 167 Spiele von 1936 bis 1964 (94 Siege, 27 Unentschieden, 46 Niederlagen).

1327. Zur ersten Weltmeisterschaft 1930 in Uruguay gab es keine Qualifikation. Teilnehmen konnte, wer wollte und die Reisekosten nach Südamerika aufbrachte. Insgesamt reisten nur vier europäische Mannschaften an (Jugoslawien, Frankreich, Belgien, Rumänien).

1328. Zum ersten WM-Spiel der Geschichte, Frankreichs 4:1-Sieg gegen Mexiko am 13. Juli 1930, kamen nur 1000 Zuschauer ins Estadio Pocitos in Montevideo. Den Minusrekord für eine WM hält jedoch die Partie zwischen Rumänien und Peru (3:1) einen Tag später: 300 Zuschauer.

1329. Die WM 1994 in den USA lockte die meisten Fans in die Stadien – sowohl absolut als auch pro Spiel. Insgesamt kamen 3 568 567 Zuschauer zu 52 Spielen, das sind 68 626 im Schnitt.

1330. Nur in drei WM-Endspielen nach dem 2. Weltkrieg standen weder Brasilien noch Deutschland im Finale.

1331. Willi Landgraf ist mit 508 Einsätzen Rekordspieler der 2. Liga – und hat nie eine Partie in der Bundesliga absolviert.

1332. Trotzdem kam Landgraf 2004/05 auf sechs UEFA-Cup-Spiele, da er mit Alemannia Aachen in der Vorsaison ins DFB-Pokalfinale eingezogen war.

1333. Bruno Labbadia ist der einzige Spieler, dem es gelang, sowohl in der Bundesliga als auch in der 2. Liga mindestens je 100 Tore zu erzielen.

1334. Eintracht Frankfurt stellte 2010/11 einen Uralt-Rekord der Bundesliga ein: Nur sieben Tore erzielten die Frankfurter in der Rückrunde – ebenso wie Tasmania Berlin in der Saison 1965/66.

1335. Der FC Schalke erreichte 22 Mal in Folge die zweite Runde im DFB-Pokal – die längste Serie aller Teams in Deutschland.

1336. Zwischen August 1978 und Januar 1981 gelangen Fortuna Düsseldorf (Pokalsieger 1979 und 1980) im DFB-Pokal 18 Siege in Folge, mehr als jedem anderen Team.

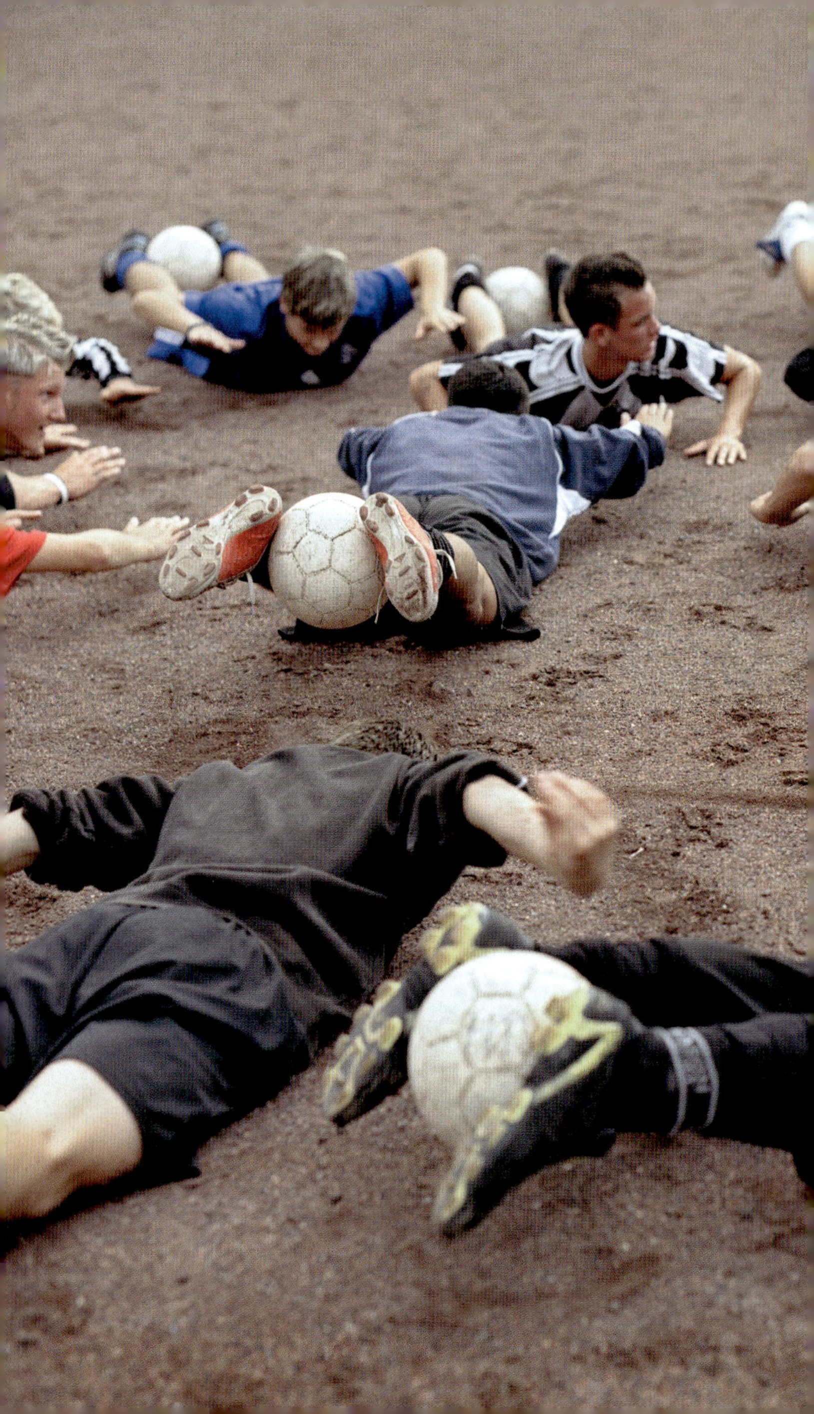

1337. Ein Fußball muss gemäß DFB zwischen 410 und 450 Gramm wiegen.

1338. Das WM-Endspiel 1994 ist das einzige Finale, in dem kein Tor fiel. Brasilien gewann nach Elfmeterschießen.

1339. Nach dem Sieg im EM-Finale 1996 empfing die deutsche Nationalmannschaft Kanzler Helmut Kohl mit dem Sprechgesang »Helmut, senk den Steuersatz«.

1340. Die englische Nationalmannschaft von 2010 war die älteste, die je eine WM bestritt. Der Altersschnitt betrug 28,7 Jahre.

1341. Deutschland hat mit 99 die meisten WM-Spiele aller Nationen bestritten.

1342. Es gab ein Spiel in der Bundesliga mit sieben Auswechslungen: 1996 spielte der FC Bayern gegen Fortuna Düsseldorf. In der Halbzeit wechselte der Co-Trainer der Bayern, Klaus Augenthaler, vier Spieler aus. Das Spiel endete 2:2. Da es für beide Mannschaften um nichts ging, verzichtete Düsseldorf auf einen Protest.

1343. Der Spieler mit den meisten Bundesliganiederlagen ist Bernard Dietz (221).

1344. Der FC Bayern hat in der Saison 2011/12 die längste Torserie der Bundesliga aufgestellt. Die Bayern erzielten 25 Tore in Folge, ohne ein Gegentor zu kassieren.

1345. Den ersten Hattrick der Bundesliga erzielte Otto Geisert vom Karlsruher SC. 1963 schoss er den KSC in der 55., 65. und 90. Minute zum 4:2-Sieg beim 1. FC Nürnberg.

1346. Am 3. April 1971 brach im Spiel Mönchengladbach gegen Bremen in der 76. Minute der Torpfosten. Da es kein Ersatztor gab, wurde das Spiel nach 88 Minuten beim Stand von 1:1 abgebrochen und vom Sportgericht mit 2:0 für Werder gewertet.

1347. Nach diesem Spiel wurden in der Bundesliga alle Holztore durch Tore aus Aluminium ersetzt.

1348. Der 1. FC Nürnberg ist der einzige Verein, der in einer Saison alle Auswärtsspiele verlor (1983/84).

1349. Volker Finke ist der Trainer mit den meisten Bundesliganiederlagen in einer Amtszeit (153, beim SC Freiburg).

1350. Jörg Butt ist mit 26 Toren der torgefährlichste Torwart in der Geschichte der Bundesliga.

1351. Vor dem letzten Gruppenspiel der WM 1998 färbten sich alle rumänischen Spieler die Haare strohblond. Sie kamen weiter.

1352. Martin und José Vantolra sind die Einzigen, die als Vater und Sohn für verschiedene Länder bei einer Weltmeisterschaft aufliefen. Martin spielte 1934 für Spanien, José 1970 für Mexiko.

1353. Die WM 1934 in Italien fand ohne Titelverteidiger statt, da Uruguay nicht angereist war – einmalig in der Geschichte.

1354. Borussia Dortmund kassierte in der Saison 2010/11 in 31 Spielen in Folge maximal ein Gegentor. Eine solche Serie hatte es nie zuvor in der Bundesliga gegeben.

1355. Die WM 1954 ist die torreichste der Geschichte. Pro Spiel fielen im Schnitt 5,38 Treffer.

1356. Alle drei Torhüter der Nigerianer bei der WM 2010 spielten in Israel: Vincent Enyeama bei Hapoel Tel Aviv, Austin Ejide bei Hapoel Petah Tikva und Dele Aiyenugba bei Bnei Yehuda.

1357. Die meisten Tore bei einer EM fielen 2000 in Belgien und den Niederlanden. 85 Treffer wurden in 31 Spielen erzielt.

1358. Kein Team kassierte bei einer WM mehr Gegentore als Südkorea 1954 (16 Gegentore).

1359. Deutschland schoss bei der WM 2010 die meisten Tore (16, doppelt so viele wie der Weltmeister Spanien).

1360. Der jüngste Spieler der EM-Geschichte ist der Belgier Enzo Scifo. Er war 1984 achtzehn Jahre alt.

1361. Bei der WM 1954 setzte die Tschechoslowakei Teodor Reimann als Torwart ein. Reimann war Eishockeyspieler.

1362. Die Niederlande kassierten bei der WM 2010 insgesamt 22 Gelbe Karten. Kein anderes Team bekam mehr als 13.

1363. Bei der WM 2010 wiederholte sich zum ersten Mal in der Geschichte die Paarung im Spiel um Platz 3: Deutschland gegen Uruguay gab es 2010 und 1970.

1364. Der FC Bayern stand am häufigsten im Finale des DFB-Pokals: 17 Mal. 15 Mal davon gewannen die Münchner.

1365. Der FC Bayern ist auch der einzige Verein, der das Double aus Pokal und Meisterschaft verteidigte (2005/2006).

1366. Die meisten Tore in einem EM-Spiel erzielten die Niederlande 2000 beim 6:1 gegen Jugoslawien.

1367. Die meisten Elfmeter in einem Bundesligaspiel gab es 1965 beim Spiel Borussia Mönchengladbach gegen Borussia Dortmund, nämlich fünf. Das Spiel endete 5:4 für Dortmund.

1368. Kurt Sommerlatt ist der einzige Spieler, der den DFB-Pokal dreimal in Folge gewann: 1955 und 1956 mit dem Karlsruher SC und 1957 mit dem FC Bayern.

1369. Nur der 1. FC Kaiserslautern schaffte es (in der Saison 1997/98), als Aufsteiger den Deutschen Meistertitel zu erringen.

1370. Der beste Torschütze der Bundesligageschichte ist Gerd Müller mit 365 Toren in 427 Spielen.

1371. Zwei Teams haben es geschafft, innerhalb einer Saison in 34 Spielen 19 Mal ohne Gegentor zu bleiben: der FC Bayern in der Saison 2001/02 und Werder Bremen 1987/88 und 1992/93.

1372. Artur Sobiech (Hannover 96) sah bei seinem Bundesligadebüt nach nur sechs Minuten die Rote Karte. So schnell flog kein anderer Debütant vom Platz.

1373. Der Stürmer Fernando Torres, der für die englische Rekordsumme von 58 Millionen Euro von Liverpool zu Chelsea gegangen war, schoss in der ersten Saison bei Chelsea nur ein Tor.

1374. Die torlosen Minuten von Torres werden auf der Webseite hasfernandotorresscoredforchelsea.com gezählt.

Fotos:

Simon Koy: **31, 875, 1074**
Christoph Buckstegen / photocake.de: **114, 305, 1337**
Reinaldo Coddou: **161, 626, 812, 1160**
Stefan Kröger: **438**
Alan Powdrill: **473**
Dominik Asbach: **747, 948**
David Maupilé / laif: **1264**

Fauna	© picture-alliance / dpa
	© picture-alliance / Wildlife
Prost	© picture-alliance / dpa
	© Han van Vonno / Fotolia
Mode	© picture-alliance / Rolf Kosecki
Ganz früher	© by-studio / Fotolia
	© Ullstein Bild / AP
Dumme Sachen	© Christine Brandl
	© picture-alliance / Photoshot
Mythos und Wahrheit	© picture-alliance / Sven Simon
Holländer	© picture-alliance / Artcolor
	© robertosch / Fotolia
	© picture-alliance / Pressefoto UL
Große Kunst	© picture-alliance / dpa
Liebe	© picture-alliance / dpa (3)
	© picture-alliance / De Fodi

Für die Recherche, Bildredaktion, Dokumentation und Schlussredaktion danken wir:

Kristin Ahlring, Ji-Young Ahn, Nina Banneyer, Patrick Bauer, Yvonne Bauer, Dunja Bialas, Heiko Bielinski, Sascha Chaimowicz, Marc Deckert, Annabel Dillig, Michael Ebert, Ann-Kathrin Eckardt, Jakob Feigl, Tin Fischer, Lara Fritzsche, Lars Gaede, Larissa Gaub, Patrick Hamilton, Paul-Philipp Hanske, Anke Helle, Enite Hoffmann, Tom Ising, Barbara Kappelmayr, Christoph Koch, Manuel Kostrzynski, Heike Kottmann, Franziska Kronast, Oliver Kucharski, Axel Lauer, Christoph Leischwitz, Mareen Linnartz, Tobias Moorstedt, Jonas Natterer, Opta Sports (insbesondere Sven Tröster, Jan Deckenbrock, Christof Greiner und Heiko Stroh), Manuela Orth, Silke Probst, Josip Radovic, Maike Rohlfing, Verena Roidl, Julia Rothhaas, Benedikt Sarreiter, Alex Schmid, Amélie Schneider, Jakob Schrenk, Vera Schroeder, Philipp Schwenke, Kerstin Seidel, Sophie Servaes, Veronika Sigl, Julia Stoll, Oliver Stolle, Sandra Stolle, Christiane Wechselberger und Onur Yildirancan.

90 Prozent aller Tierarten sind kleiner als ein Fingernagel

Unnützes und sehr nützliches Wissen von NEON

978-3-453-60177-2

NEON
200 Tricks für ein besseres Leben
Lachanfälle unterdrücken – Unpeinliche Gedichte schreiben – Rechnungen hinauszögern – Lästige Telefonate umgehen – Sexpannen vermeiden – Mit dieser Buchecke eine Bierflasche öffnen
978-3-453-60136-9

Michael Ebert / Timm Klotzek
Planen oder treiben lassen?
Wie man merkt, ob man sich zu viel oder zu wenig Gedanken über sein Leben macht
978-3-453-15873-3

NEON
Unnützes Wissen
1374 skurrile Fakten, die man nie mehr vergisst
978-3-453-60102-4

NEON
Unnützes Wissen 2
Weitere 1374 skurrile Fakten, die man nie mehr vergisst
978-3-453-60177-2

Leseproben unter: **www.heyne.de**

HEYNE ‹

Originell, absurd, zum Brüllen komisch

Deutschland im O-Ton

»Zufällig aufgeschnappte Dialogfetzen sind nicht selten besser als jede professionelle Comedian-Pointe.« *Bayern2 Zündfunk*

»Ein Sammelbecken für bizarre oder peinliche Gespräche, aufgeschnappt in Zügen, Cafés oder auf der Straße, aufgeschrieben für den Rest der Republik.« *Zeit Campus*

978-3-453-60175-8

Felix Anschütz /
Nico Degenkolb /
Krischan Dietmaier /
Thomas Neumann
»Entschuldigung,
sind Sie die Wurst?«
*Deutschland im O-Ton –
Das Beste von belauscht.de*
978-3-453-60119-2

Felix Anschütz /
Nico Degenkolb /
Krischan Dietmaier /
Thomas Neumann
»Nee, wir haben nur
freilaufende Eier!«
Deutschland im O-Ton, Folge 2
978-3-453-60175-8

»Eine Riesenentdeckung!«
*Jürgen von der Lippe in
»Was liest du?« (WDR)*

Leseprobe unter: **www.heyne.de**

HEYNE ‹

Unterhaltsam, witzig und lehrreich

Edutainment bei Heyne

Claudia Hunt
What's for tea?
Englisch, wie es nicht im Schulbuch steht
978-3-453-68534-5

Rainer Schmitz
Was geschah mit Schillers Schädel?
Alles, was Sie über Literatur nicht wissen
978-3-453-60080-5

Marc Bielefeld
We spe@k Deutsch
… aber verstehen nur Bahnhof – Unterwegs im Dschungel unserer Sprache
978-3-453-60085-0

Harry Mount
Latin Lover
Latein lieben lernen!
978-3-453-60093-5

Tony Perrottet
Das Ei des Napoleon und andere historische Sensationen, die unsere Geschichtslehrer uns verschwiegen haben
978-3-453-62031-5

Sven Siedenberg
Besservisser beim Kaffeeklatsching
Deutsche Wörter im Ausland – ein Lexikon
978-3-453-60100-0

Leseproben unter: **www.heyne.de**

HEYNE ‹